管教孩子的 16 高招

第二版

第四冊

如何培養孩子自導的能力

How to Manage
Behavior Series

Ahmos Rolider、Saul Axelrod、Donald M. Baer、

R. Vance Hall、Marilyn L. Hall、Susan F. Thibadeau　著

吳武典　主編

蔡崇建、王文秀、周天賜、邱曉敏　譯

How To Manage Behavior Series

Second Edition

Ahmos Rolider

Saul Axelrod

Donald M. Baer

R. Vance Hall

Marilyn L. Hall

Susan F. Thibadeau

目錄

主編簡介

吳武典

學歷：美國肯塔基大學哲學博士（學校心理學）
現職：國立台灣師範大學特殊教育學系名譽教授

譯者簡介

蔡崇建 學歷：國立台灣師範大學教育碩士（教育心理與輔導）
英國諾丁漢大學博士課程研究
現職：國立台灣師範大學特殊教育學系教授（退休）

王文秀 學歷：美國賓州州立大學教育博士（諮商員教育）
現職：國立新竹教育大學教育心理與諮商學系教授

周天賜 學歷：美國北科羅拉多州立大學教育博士（特殊教育）
現職：國立台北教育大學特殊教育學系副教授（退休）

邱曉敏 學歷：美國德州州立大學（聖馬可斯分校）哲學博士（地理教育）
現職：美國密蘇里州立大學（春田分校）地理系副教授

原編者序

　　第一版的行為管理系列（How to Manage Behavior Series）於十五年前發行，乃是針對行為治療及教育訓練人員教學與輔導上的需要，出版後廣受治療及訓練人員的歡迎。但他們也普遍覺得有必要為家長、教師和學生撰寫一套較為通俗的指引，以輔助訓練和治療的進行。基此，本修訂版乃更換或增加若干單元和內容，以符合使用者的需要。我們希望新增的單元使本系列叢書更具有實用性。

　　本叢書得以發行，特別感謝 PRO-ED 公司的副總裁 Steven Mathews 先生。他在修訂的過程中提供了很多寶貴的意見，正如第一版編撰時 H&H 公司的 Robert K. Hoyt 先生一樣，提供許多有益的協助。

　　這套叢書是設計來教導實務工作者（包括家長）如何管理孩子、學生和員工行為的各種方法，而這些行為可能在家裡、學校或職場造成干擾或破壞。本叢書儘量避免專門術語，每個方法都明確界定，每個步驟都敘說清楚，並且輔以實例和練習，便於讀者以口語或書寫作實務演練。

　　本叢書中設計的練習作業，宜在有人指導的情況下進行，通常是由具有行為科學背景的專業人士擔任指導工作。

　　本叢書的各篇格式相似，但在應用時得隨教學或訓練的情境之不同作彈性的調整。

　　一如往昔，我們歡迎您的提問、批評和指教。我們最高興的一件事莫過於聽到您應用本叢書後，成功地改變了自己或他人的行為，而使生活更有樂趣、更有效率、更有目標。

R. Vance Hall

Marilyn L. Hall

主編者的話

　　從未涉世的孩子就像深山中的璞玉，而父母與師長就好像求好心切的雕刻師。這塊璞玉將來是被雕塑成藝術精品，抑或是不成材的劣品，端視為人父母與師長的用心與手藝而定。然而，一般而言，父母與教師經常是用心有餘而手藝不足，空有豐沛愛心而無實用技巧，以致於在教養孩子方面，雖然竭盡了心力，卻得不到預期效果，直怨現代孩子難教。

　　坊間談如何管教孩子的書籍很多，各有其見解，所倡導的方法也各有特色。然而，能把重要而有效的方法集其大成，供老師與家長靈活應用的卻是不多。因此，當十六年前初次見到這套由美國四位教育名家（N. H. Azrin、V. A. Besalel、R. V. Hall 和 M. C. Hall）編輯而成的十六本行為管理手冊時，不禁欣喜萬分，如獲至寶，特約請學有專精、年輕有為、均具教育碩士或博士學位的專家翻譯出來，彙成《管教孩子的 16 高招》實用手冊，以饗讀者，果然廣受歡迎。

　　今日這套叢書第二版由參與第一版編輯的著名學者 R. Vance Hall 和 Marilyn L. Hall 主編，除了他們夫婦（皆堪薩斯大學教授）親自撰著五本之外，另邀請了 S. Axelrod、T. Ayllon、N. H. Azrin、D. M. Baer、V. A. Besalel、K. Esveldt-Dawson、R. V. Houten、A. E. Kazdin、M. V. Panyan、A. Rolider、S. Striefel 和 S. F. Thibadeau 等十二位名家執筆修訂。心理出版社繼續取得美國 PRO-ED 出版公司的授權，仍由個人邀請原譯者群（盧台華、張正芬、邱紹春、蔡崇建和王文秀等教授），加上周天賜教授、邱曉敏博士和王宣惠老師，共襄盛舉，譯成中文在台發行。新版仍維持十六個單元（十六招），整合在培養良好行為、維持良好行為、改變不良行為及培養自導能力四大主題下。與第一版相較，新版約有三成的變化，包括增加三個全新的單元：「如何提醒而不嘮

叨？——提醒策略的應用」、「如何運用團體的動力？——團體增強策略的應用」與「如何使孩子對自己的行為負責？——自負其責策略的應用」，刪除了三個原編者認為較不急需的舊單元：「如何培養孩子良好的行為？——『逐步養成』策略的運用」、「如何加強孩子的語言能力？——『隨機教學法』的運用」與「怎樣罵孩子？——『斥責』技巧的運用」。其餘各單元的內容亦多少有所修正或增益。這些調整的主要目的是納入更多學理依據和實務經驗，使新版書顯得更為適切、更為實用。

這套叢書得以順利付梓，除了要感謝譯者們的用心，還得感謝心理出版社的大力支持，尤其林敬堯總編輯的頻頻催促、協助策劃和高碧嶸編輯的細心校稿，最令人難忘。

這套叢書定名為《管教孩子的 16 高招》，共分為四冊十六篇，包括：

　　本套叢書以理論作基礎、實用為依歸，每篇都有策略、實例、基本步驟及注意事項的生動說明，並有練習作業供實際演練，最後有總結，實為教師輔導學生、父母管教子女的最佳指引，其原理與技巧亦可供工商企業員工訓練之用。

吳武典

2010 年 11 月 30 日

於國立台灣師範大學特殊教育學系

如何幫助孩子做自己的主人？

——自我控制法的應用

A. Rolider & S. Axelrod◎著
蔡崇建◎編譯

引言

　　看過「阿拉丁神燈」這部卡通影片的人，或許會產生一種慾望與幻想——希望自己也能夠擁有那盞看起來不起眼的燈。因為，擁有這一盞燈的人，他就是巨人的主人，他也就能夠呼風喚雨、實現夢想。可惜你我都不曾實際見著遇過這一盞燈。

　　然而，站在人類歷史發展的軌跡上來看，你又會發現人類代代相傳竟也持有一盞「智慧的燈」，帶領大家走過蠻荒進入文明。有了這盞智慧的燈，人類就像巨人似地逐漸控制、主宰了人與自然，而這股趨勢似乎愈來愈明顯。

　　名史學家湯恩比曾說過：人類的歷史可說就是一部控制的進化史。的確，自有人類的生命源起，起先幾乎完全受限於外在自然環境的支配，然而隨著文明的演進，人類逐漸展示其對自然環境的影響及控制力量。時至今日，經由知識的大量累積與科技的日新月異，從填海造陸、化沙漠為綠洲，到浩瀚宇宙的太空遠征，人類對外在環境的巨大控制力量可謂波瀾壯闊。過猶不及，人類過度開發帶來地球「暖化」的課題，如今「永續發展」成為當代環境控制的重要方向，其中的主要策略則在每個

人環境行為的自我控制。

人類對環境的控制如此，然而人類對自身的控制又是如何？人類是否能如其改變與控制外在環境般地來改變與控制自己？這個答案一般人相信是肯定的。舉例而言，近代進步的醫學對生命本源的生育控制已有十分的把握，特別是遺傳基因的控制，使「造人」不再是不可能的神話，而是能不能做、要不要做的生命倫理的辯證了。再說，現今人們身處的資訊社會中，人的思維、情緒、意見、好惡等經由知識系統及網路傳播媒介的迅捷影響，不僅在思想、理念上更容易形成所謂的「社群主體意識」，或是依附其下所謂的「次文化意識」的認同，也更容易使個人的性情嗜好受所謂「時尚流行」的影響。換句話說，從生命的誕生到生活的現實，「人性控制」似乎已如影隨形無所不在，也反映人類對自身及他人行為的改變與控制的企圖和努力。

的確，傳統的行為主義即認為人類行為的養成、塑造及控制，主要係受其所存在的環境的影響；也就是說，行為的自主性在環境的影響下其實是十分有限的。從前面這個角度來看，很容易引起聯想——「人性控制」是否會對「人性尊嚴與自由」造成侵犯？這的確是很具爭議的論題。事實上，這種外在環境的影響亦有其侷限，Bandura 即指出環境對個人行為的影響，必須以個人的「意識」作為中介，亦即個人首先意識到種種環境事件（例如有所得就要繳稅），再進一步對種種環境事件產生認知轉換、強化或約束（例如繳稅是一種義務，也是一種權利），而後才影響到個人的行為，此時個人決定哪些該做、哪些該學，以及做到什麼程度、學到什麼程度（例如誠實申報，按時繳稅）；換言之，人才是環境的主宰，環境本身是不可能自行運作而決定人的行為舉止。

再從社會心理學的觀點來看，「人性控制」此一概念最重要的表徵即是個人行為與社會規範間的互動融合，本質上係具有「環境塑造個人，個人創造環境」的涵意，就重視個人在社會化過程中的自我控制、自我調適及自我發展，這亦是開放性社會的主要特色：尊重個人。這裡引用未來學大師Alvin Toffler 說過的話：「愈是進步的社會，也就是規矩愈多，人們也愈不自由的

社會，也只有如此，才能保障人們有更大的自由。」作為註解，或可說明人性控制的必要性與必然性，同時也可詮釋人性自由的意義。

以「自我控制」為導向的人性控制，其基本的理念是架構在人本哲學上主張人自有其理性上「善的意念」，這種向善的內在動機之實踐與發展，再配合人類傳統原有的「自制力」之人性特質與精神力量，使人性控制呈現樂觀的預期。

總之，我們相信人類對其自身行為的自我控制有其可能也有其必要。基於此一認知的存在，再經由適當的行為控制方法或策略，以及科學的分析與調控的技術與程序，小至個人的節食減肥，次高層次的社會化過程，終及於自我實現的人生境界，皆顯現人類自我控制的力量與需求。

本章所述的自我控制的方法及其應用策略，係以促成個人自身的行為改變為出發點。實際應用時，若有需要亦可配合本書其他各章所介紹的行為改變技術加以應用。

自我控制與行為改變

人類行為的改變，從行為主義的觀點來看，大致可粗分為外在與內在控制兩種方式。藉外在的力量對個人行為進行塑造、強化，或是矯正，行之既久，當外在環境改變或誘因消弱，難免會使個人行為故態復萌或是疏忽懈怠。因此，行為改變的主要目的應是在於行為的內化而不是外控的持續；也就是說，整個行為改變程序的有效性及持久性還是操控在行為者本身對自己某一特定行為的管理、監督或控制，這種行為的自我控制（self-control）或稱自我管理（self-management）的方法，目的就是要幫助自己做自己的主人，以培養行為的獨立性及責任感，避免過度依賴他人，逃避自我成長。

什麼是自我控制？

什麼是行為的「自我控制」？簡言之，自我控制即是一種行為的管理方法，每一個人都可藉這個方法審慎地改變自己所要改變的行為，或是修正自己想要修正的行為，以達到某項行為的特定目標或水準。根據這個定義，行

為的自我控制有兩項特點：一是由個人決定什麼行為是自己所要改變的，以及運用什麼程序來達成行為的改變；另一是由個人執行自己所訂定的改變程序，以實現改變自身行為的目的。

上述定義，本質上就是肯定人人都有想要自己控制或管理自身行為的動機與需要，而這種自發性動機則源自於個人的自由意志、自由選擇的權利，以及自主決定的內因性心理傾向與信念所導致，也是行為自我控制所賴以成功的基石。

的確，要自己來改變自己的行為不是一件容易的事，不過若是能遵循一套行之有效的程序及方法，一般相信那是可以做得到的。以下就以自我控制方案作為例子，說明自我控制的程序及各種運用情形。

對成人而言

玉珊每個月的油費高達四、五千元，最近隨國際油價的調漲預期負擔將會加重，這實在是超乎她所能負擔的支出。為此，最近她才換了一部較省油的小型車，但油費支出還是太高。因此，她認為要降低自己開車油費的支出，應該有所行動。在做法上，首先她認為應該減少開車次數。不過，基於工作性質的考量，對她而言要改變每天開車上下班的習慣可不容易。於是，她下定決心想辦法每天多少減少一些除上下班之外用車的次數。首先，她記錄下每天用車的次數，並從用車紀錄中檢視是否可以減少用車次數。為了幫助自己了解用車行為，她做了一份記錄表貼在車上，表上記載有日期、目的地、大概里程數及用車的理由。在一週當中，紀錄上她有十八次用車紀錄。過了三週，她的用車次數降為僅有十一次。

以上所用的自我觀察和記錄看似簡單，但事實上已經幫她排除了一些不必要的用車次數，以及可以合併用車的情況。在採取上述方法後，玉珊的固定油費支出就比前幾個月少了近一、兩千元。她對自己的努力感到高興。

▲玉珊嘗試做了哪些事？＿＿＿＿＿＿＿＿＿＿＿＿＿＿＿＿＿＿＿

▲她成功了嗎？＿＿＿＿＿＿＿＿＿＿＿＿＿＿＿＿＿＿＿＿＿＿＿

▲為什麼這是一項自我控制的例子？＿＿＿＿＿＿＿＿＿＿＿＿＿＿

＿＿＿＿＿＿＿＿＿＿＿＿＿＿＿＿＿＿＿＿＿＿＿＿＿＿＿＿＿＿＿

對青少年而言

　　「小畢！你又到哪裡去了！天天這樣，晚餐總是要晚個一、兩小時才吃！」小畢的媽媽斥罵著。小畢每次都得編個好理由為自己辯護，加上一些令他不好過的事都是因回家太晚引起，於是小畢下定決心要想辦法讓自己能夠每天準時回家。

　　小畢回想自己的問題是出在每天回家的路上，他必須經過一處公園，這是他一些鄰居朋友玩棒球的地方，經過時他又很難不去參加玩球。針對這個問題他想了又想，於是他有了決定，假如他走別的路回家，就不會受到玩球的誘引。此後，他也就能準時回家吃晚飯，而不再受媽媽的斥責了。

▲小畢嘗試去做什麼事？_____

▲他成功了嗎？_____

▲他打算如何來運用自我控制？_____

_____

對兒童而言

　　陳老師教的是小學六年級。在每週一次的班會上，她規定學生必須交前一週老師指定的家庭作業。問題是這樣一來，學生每個晚上都必須做完當天的家庭作業，否則只有愈積愈多，一週下來，多數同學總是無法交出作業。為了這件事，班上學生決定要想個辦法來督促自己做到「今日事今日畢」。他們的做法是設計一張檢查表，每天記錄前一天晚上就寢前是否做完了當天的功課。一週之後，學生們根據下列標準給自己評等，甲＝五次、乙＝四次、丙＝三次、丁＝兩次、戊＝一次。學生每天自己記錄並且將檢查表放在自己的書桌前。一個月之後，在班會中，不再需要花時間討論家庭作業遲交的事了。

▲試述內文中學生們所要解決的問題是什麼？_____

_____

▲他們成功了嗎？_____

▲學生們如何運用自我控制？_____

上列例子說明了自我控制法可用來增進良好行為或是減少不想要的行為發生。

▲請依自己的觀點，敘述自我控制的意義？_____

_____

▲在生活當中，我們經常會運用上自我控制的方法。有時候自我控制的方法成功了，而有時候卻失敗了。請你敘述一項自己成功運用自我控制的情形：

_____

_____

▲為什麼你認為是成功呢？_____

_____

▲接著，請敘述一項你曾經試著控制自己的行為，但卻失敗的情形：_____

_____

自我控制的基本機制

行為的自我控制其運用時機有兩種可能的狀況：一是個人在學得各種行為改變的方法之後，為促成自己本身某一行為的發展而藉此方法來改變或修正自己的行為，以達到某一特定的行為目標；此一情形之下，由個人自身來決定什麼是他所要改變的行為，以及依什麼程序來達成行為的改變，這種情形被認為更能促成行為的有效改變，因為外在督促的成效遠不及行為者本身自發性需求下的表現。事實上，在自發性需求條件下且經由適當的行為訓練，孩子們也被認為有能力來控制自己的行為。另一是學校師長或是自己父母基於需要，針對孩子進行某一行為改變初步階段的訓練，在確認孩子已經學會而且能表現某一適當的行為之後，為持續強化此一特定行為，採取最低限度的輔導策略，而後轉由孩子自己來繼續原有的行為控制程序與方法，孩子此時已有更大的自主性及自發性，而不再完全依賴外在的激勵與督促。以上這兩種行為改變的自我控制情形，雖有程度及階段的不同，但皆強調行為者個人自己處理其行為改變過程的重要性及可行性。

在兒童及青少年的教育上，行為的自我控制運用有其必要性，特別是當

學校師長或是父母不能隨時在旁督促，以達成某一特定的行為改變時更顯重要。

　　自我控制法在個人行為改變上的運用，可單獨採行，亦可混合其他行為改變技術施行，例如配合系統性的注意與讚賞、計畫性的忽視、回饋、隔離，以及其他篇所提到的方法。

　　下面採以範例說明六種不同的自我控制法。這些方法雖是分別討論，但為了確保成功，這些步驟經常合併運用。

 ## 自我控制的步驟

　　本篇所提自我控制的方法，係根據本書所述系列行為改變的基本原理及方法而來。這些行為改變的方法，通常包括人們透過控制的方式來改變他人先前已有或隨後將會有的行為；而這些方法通常亦能應用在個人改變自己或控制自己行為上。

方法一：自我觀察

　　自我觀察被認為是行為改變的基礎，它不僅是自我改變過程的首要步驟，亦是成敗與否的關鍵所在。一般人對自身行為的自我覺知、洞察和意識，並不如想像中那麼簡單容易，甚至是相當複雜的事，因為包括內隱或外顯、意識或非意識的行為，都可能是自我觀察的行為標的。在一般情況下，行為當事人往往不知道自己的行為問題，這的確是可以理解的，例如一些日常生活上的慣性行為，這些習以為常的自發性行為，往往在不經意中就表現出來，但自己卻渾然不覺或意識不到它的出現或發生；再者，行為觀察也並不僅限於「此時此地」特定行為現象的覺知而已，有時更是需要深入了解某些行為發生的前因後果，甚至相關的外在環境因素的影響，都可能要被考慮在內。由於行為觀察被認為是複雜且重要的事，因此有些從事行為研究人員甚至認為如果行為當事人有機會仔細觀察自己的行為，其結果往往就可能導致行為改變。也就是說，自我觀察本身就有助於行為的改變。

　　為什麼自我觀察能夠導致行為的改變呢？有人認為單純的行為觀察並不

足以造成行為的改變，而是因為觀察提供了回饋的線索，經由行為的自我覺知促成行為當事人運用自我增強及自我懲罰等自我控制技術，來控制他的行為。

基本上，行為的自我觀察十分強調如何有系統地觀察自己的特定行為。因為行為當事人本身既是觀察者也是被觀察者，因此觀察過程的系統性及客觀性就必須加以考慮。通常，運用自我觀察時有幾個原則必須注意：

特定行為的辨識與界定

什麼是所要觀察的行為？這是首先得考慮的。在觀察之前，必須就所要觀察的特定行為，以清楚明確的詞彙具體界定所要改變的行為，當然這也使得行為當事人能夠客觀地觀察記錄特定行為出現的時間及次數。

行為反應的記錄與呈現

行為觀察的同時就要針對被觀察的行為反應進行有系統的記錄。通常，當事人需要知道一些記錄行為的方法，例如易於記錄時間及行為次數的檢核表或記錄卡等。

在進行行為的觀察與記錄時，有兩個問題必須考慮：一是決定什麼時候和多少時間間距進行觀察與記錄，例如是行為反應出現後立即觀察記錄？或是以「天」或「週」為單位做觀察記錄？二是觀察的時間單位是否需要特別限定？如每一小時觀察十分鐘等。基本上，「時間」是自我觀察的一項重要考慮因素。

為便於了解行為的出現及其改善情形，可以將自我記錄的行為資料轉換而以圖表來呈現所記錄的行為。以圖表或其他類似的記錄方式來記錄行為相當重要，除了簡明易懂外，也可以讓自己或他人清楚了解行為改變的進步情形，而利於在適當時機自己施予自我增強，也利於得到別人的鼓勵與支持。

行為反應的評量分析

行為分析方法很多，最簡單的方法是在一段時間之內，記錄行為出現的次數及頻率。

下面是自我控制技術中，正確運用自我觀察的例子：

張太太彎腰駝背地坐到椅子上，她覺得又疲累又煩躁。一整天，她把時間耗在嘶叫及責罵孩子上。她覺得該想想辦法，讓孩子和她自己都能過得輕鬆快樂些。她決定弄清楚自己每天在孩子有良好表現時，給予多少次的注意。她在家裡的冰箱上貼了一張紙，並以線條劃出一週的日數。然後，在整天當中，每次在孩子出現良好行為而她也以正向方式回應時，就在紙上劃上記號。經過一段時日，由紀錄可顯現張太太和她的孩子愉快相處的時間是愈來愈長了。

▲什麼是自我觀察？請簡述之：＿＿＿＿＿＿＿＿＿＿＿＿＿＿＿

＿＿＿＿＿＿＿＿＿＿＿＿＿＿＿＿＿＿＿＿＿＿＿＿＿＿＿＿＿＿＿

假如你說，自我觀察就是指一個人對自身某一行為不斷地予以記錄，那就對了！

記錄的內容包括某種行為出現之時間、地點、次數及什麼情況下出現等資料。至於必須選擇某種行為的哪些項目來記錄，則取決於你所想檢視或改變的行為是什麼而定。

方法二：自我增強

增強（或稱獎賞）可說是行為改變上運用最普遍也是最重要的一種方法。增強策略的實施，其方式有時是採取外在增強，如父母、教師、同事或友伴等的激勵獎賞，有時則是行為當事人的自我增強，後者在行為的自我控制上扮演相當重要的角色。比較上述這兩種方式，通常自我增強的實施有三個問題值得考慮：第一是自我增強的實施是否與外在增強具有相等的成效？它是否能如外在增強一樣可強化或維持特定行為？其次是外在增強的一些原則是否可以用在自我增強上？第三是在自我增強的訓練上什麼方法較有效？哪些因素會影響其效果？

誠如前述，自我增強可分為兩種形式，一是當事人有條件地給予自己正向的刺激（或稱為正向的自我獎賞），另一則是有條件地移走負向的刺激（或稱為負向的自我獎賞）。這兩種形式基本上係由三個分離存在的程序組成：一是自我監測，二是評估比較，三是自我增強。評估比較是根據行為表現的自我觀察，並與社會或自訂行為標準比較而來，其結果則導入第三個程序自我增強（即行為的獎勵與懲罰）。

增強物本身對每一位當事人或當事人在一特定情境、環境而言，皆有其特殊性。換言之，某一增強物對某個人而言可能發生作用，但對另一個人或換成另一情境下，其作用可能就會截然不同。因此，在選擇實施自我增強時，不管其採取的方式是什麼，有幾個要點必須加以考慮或注意：

1. 觀察分析自己喜歡的、有興趣做的或想要做的事是什麼，其結果自然能夠提供一線索，以利自己選定便於施行且具有吸引力的增強物。

2. 觀察分析在特定行為後隨之所發生的事，就可能提供某些潛存的增強物的線索。

3. 明確訂定所要增強的目標行為，以及預設行為結果可以獲得的增強份量。當然，增強物的出現要考慮及時性，通常立即增強在行為改變初期較具成效。至於增強方式的變化及適當時機，可參考其他篇的說明。

方法三：自我懲罰

自我增強的方法，通常是用來促成或增進某些特定的行為。但是，有時候行為改變的目的係在抑制自己某些特定行為的出現，或是出現的頻率、次數。在這種情形下，可以考慮採行自我懲罰的方法；換言之，懲罰即是為此目的而採用的方法。不過，若比較自我增強或自我懲罰兩者對行為改變的影響，許多研究結果可以明顯印證自我增強的方式較自我懲罰具有正向、積極的結果，其原因是針對不良特定行為施予懲罰時，若未同時提示什麼是適當的行為作為參照，那麼行為改變的正面成效就可能十分有限，這也就是為什麼自我懲罰在行為改變方案上少有單獨採行的原因；換言之，懲罰必須是配

合增強實施才行，通常針對所期望的行為給予正向的增強，若再輔以不良行為的處罰，效果常會增加。例如，假若孩子不順從父母的要求，有時懲罰不一定有效，倒不如把焦點放在增強孩子聽話的行為上。話雖這麼說，懲罰對父母或教師在處理孩子的問題時，經常是有效的「助手」之一。因此，懲罰也經常有助於達成自我控制的計畫。

自我懲罰是指當事人在表現某一特定行為之後，自己對它付出所厭惡的後果。如同自我增強一樣，自我懲罰也需要當事人觀察其目標行為的表現，而後對這一結果給予懲罰。行為的觀察提供了何時應予以懲罰的訊息。

自我懲罰在行為改變技術應用過程中很少單獨使用，理由很多。一般的看法是使用基於懲罰的方案並不可取。懲罰方案也許會產生一些不良的副作用，如哭鬧、侵犯性行為等。而且，懲罰方案並未教導當事人什麼才是適當的行為。到後來，當事人通常都會發現，懲罰方案不像以正向增強為主的方案那麼好用。

假使懲罰方式沒有和增強一起應用，上述的缺點就會連帶發生。自我懲罰還有一個問題。因為當事人不喜歡長期持續處於自我懲罰的狀態之下，所以不大願意實行行為改變方案。

自我懲罰通常是含括在自我增強的計畫裡。針對期望行為而給予的正向增強，若輔以不良行為處罰方案，效果常會顯著增加。舉例來說，國中階段的青少年在學期一開始，就被要求就指定的家庭作業或數學習題，實施自我計分行為（指做作業或運算數學習題的對錯計分）與自我增強（額外加分）。另外有些行為，如上課遲到、打架、喧鬧，則可在計畫中採用懲罰的方法來抑制阻止；假如有這些行為，就要學生自己扣掉先前已得的分數。一般而言，遇到懲罰性扣分時，學生不可能如自我增強那般樂於面對。

以下是運用自我懲罰宜注意的要點：

- 首先要求當事人自我觀察，以取得所要改變的行為資料。

- 選擇當事人所嫌惡的後果。當出現不適當的行為時，當事人能夠且願意自己執行這項懲罰。

- 明確分辨哪些行為是要予以懲罰，而哪些是要獎勵的。

● 同時運用自我懲罰與自我增強方法，來確保適當行為的發展。

以下舉例說明一項運用自我懲罰來改變行為的過程。

　　小畢最近剛開始一份新工作。他想要好好地做，而且他確實需要錢來償還助學貸款。他的問題是早上起床準時上班，他上班才兩個月，就遲到了六次。於是他決定針對遲到行為擬訂一個自我懲罰的辦法。他每遲到一次，就捐出兩百元給附近一所育幼院。當然，以他的經濟能力是不能常常捐錢的，更何況他看電影及其他休閒娛樂的費用就會因此沒著落。其次，除了懲罰計畫之外，他還擬了一個自我增強的計畫。只要一週內天天都準時上班，就為自己買一本書，因為看書是他的一項嗜好。

▲請說明自我懲罰為何是一種自我控制的技術：＿＿＿＿＿＿＿＿＿

＿＿＿＿＿＿＿＿＿＿＿＿＿＿＿＿＿＿＿＿＿＿＿＿＿＿＿＿＿＿＿

　　自我懲罰的意義，即是指靠自己個人的能力，決定何時、何地，及如何運用懲罰的方法來減少不希望有的行為。

以下的情境可以運用自我懲罰：

　　林先生剛從醫生那兒回來。最近他一直咳嗽，所以想到要去做個檢查。

　　醫生告訴他，他必須戒菸，但怎麼戒呢？他曾經嘗試過一些方法，包括不去想香菸、數香菸，及用口香糖代替香菸，但就是無效。

▲請試述林先生可用來控制抽菸行為的自我懲罰計畫（記得要把自我增強也考慮進去）：＿＿＿＿＿＿＿＿＿＿＿＿＿＿＿＿＿＿＿＿＿

＿＿＿＿＿＿＿＿＿＿＿＿＿＿＿＿＿＿＿＿＿＿＿＿＿＿＿＿＿＿＿

方法四：替代反應訓練

　　另一種自我控制的技術，是訓練當事人做出阻礙（或取代）當下正試圖控制的某一反應行為。其目的是以另一種反應來替代或改變先前行為反應的方式。我們在日常生活中，就經常運用替代反應的方法來控制自己的行為。例如，我們會緊抿著嘴來抑制自己，以避免在某一特殊場合發出不當的笑聲；或是閉緊雙眼來避開令人緊張刺激的情境；或是嘴嚼口香糖以抑制菸癮。這些例子，即是自己以另一種反應來控制原有反應的行為。

　　就這種自我控制技術來說，替代反應訓練是以另一種反應替代一種不希望出現之行為的特殊訓練。每一個人都能運用這種技術於包羅萬象的日常生活中，以妨礙或替代不希望有的行為反應。最普遍的替代反應訓練是運用在焦慮的控制上。在我們日常的生活情境裡，無論成人或小孩都隨時感受到焦慮。當事人以替代反應訓練來抑阻焦慮反應，最典型的方式是訓練當事人做肌肉放鬆。「放鬆」可以用多種方式去練習，當指導者引導當事人做深度的放鬆後，有些人確實能改善緊張或使肌肉鬆弛。當事人為放鬆自己，或許可以做一些有益於放鬆的事，如想一些令人高興的事，通常會有效果的。

　　在學會替代反應之後，當事人就可以應用這個技巧在各種情境上。例如，一個患高血壓的人，必須學習如何放鬆自己；他可以每天在上班時用上幾次、在開車時用上幾次，或者在晚上睡覺前用上幾次。在某些特定情境會感到緊張時，他也可運用放鬆的程序來抑制。這個放鬆的過程是一種自我控制的方法，因為他可按日常情境中的需要應用替代反應。

　　運用替代反應訓練時，應記住的要點如下：

- 教導當事人一種可阻礙既有慣性行為（通常是負向反應行為）發生的替代行為。

- 檢視該項行為是否發展順利，且當事人能以自己的方法（順乎自然的方法）加以應用。

　　下面例子說明替代反應訓練的方法：

「小凱，羞羞臉！像個小孩子。」「小凱，羞羞臉！像個小孩子長不大。」

小凱羞得轉身就跑回家。他知道自己在吸吮大拇指時的滑稽樣子。幾年來，吸大拇指的習慣讓他困擾不已。今年秋天他就滿九歲了，他真想停止吸吮大拇指的習慣。於是他和媽媽商量要怎麼辦才好。媽媽建議他，每當想吸大拇指的時候，就儘量嘗試去做別的事，來打消這種念頭。他們一起決定讓小凱隨身攜帶一些糖果或口香糖。當他想把手指頭放到嘴裡的時候，可以用吃糖果或口香糖來取代。開始時，若小凱在家，他的媽媽會幫忙提醒他並且給予讚賞。他們母子倆都知道吃太多的糖並不好，但假使能夠改掉吸手指頭的習慣，那也值得。

要小凱以吃糖果或口香糖來替代吸吮手指頭的習慣是很困難的事。但是三個星期過後，很明顯地，小凱已成功地減少了吸吮手指頭的次數。

▲請解釋什麼是替代反應訓練：＿＿＿＿＿＿＿＿＿＿＿＿＿

＿＿＿＿＿＿＿＿＿＿＿＿＿＿＿＿＿＿＿＿＿＿＿＿＿＿＿＿＿

假使你的回答是訓練一個人以妨礙或取代的方式來表現一種與過去不同或是新的行為，以改變原有的行為，那麼，你的回答是相當正確。

請運用你現在所學到的，就下列問題說明如何運用替代反應訓練方式。

建宏在一家電話公司跑業務。這份工作需要經常坐飛機南北奔波。而這就是問題之所在，因為他非常討厭搭乘飛機。每當他進入機艙時，立即顯得非常緊張且食不下嚥，接著他會想要嘔吐。潛意識裡，他一直會想到萬一飛機失事的種種恐怖景象。他知道該設法來消除這種胡思亂想。

▲請敘述建宏可以運用哪種替代反應訓練的方法：＿＿＿＿＿＿＿

＿＿＿＿＿＿＿＿＿＿＿＿＿＿＿＿＿＿＿＿＿＿＿＿＿＿＿＿＿

方法五：環境刺激控制

我們的行為經常受各種情境、人，及環境中其他事件或刺激的影響。例如，一個人在家和在學校裡所表現出來的行為就是不一樣。同樣地，一個人在自己家和在別人家中作客，及在正式宴會或速食店裡吃飯所表現出來的餐桌禮儀就有不同。而且，在場的人不同，所表現出來的舉止行為也會有所不同。再舉個例來說，小孩子與友伴說話的語言、態度，就不同於與父母或老師的說話態度。

由於每個人的學習經驗多少有些不同。因此，其行為往往因這些情境因素而受影響。特別是在某個情境下，有些行為會得到增強，有些則否；有些人會給予增強，有些人則不會。事實上，每個人都會在一些很特殊的情境中，學習如何表現出一些特定的行為。在某個情境下，會表現出某種行為，通常是因為在過去相同的情境中曾被增強過。基本上，一個人的行為是在刺激控制之下表現的。刺激控制（包括情境、人物、發生的事）決定了行為表現的反應方式。

能了解哪些刺激會影響行為表現的人，就可以掌握所處的環境，使期望發生的行為盡可能出現。運用刺激控制來作為自我控制的技術，其主要任務是在評估：(1)行為在何種情境下受到控制；然後(2)重新建立一個助長預期行為發生的情境。

例如，在餐廳裡用餐後，服務生通常會讓顧客點些甜點。有些人無法「控制自己」不去點甜點來吃。假使飲食過量是一個問題，對於了解刺激控制的人來說，他可以運用這種技巧來避免點心的誘惑。在用餐之後，他會謝絕服務生請他點甜點的好意，以控制他所不希望有的行為反應（吃甜點）。這種藉由消除刺激（叫甜點）的方法，來避免食用餐後點心的做法，是相當容易做到的。

同樣的道理，有些住在宿舍的大學生往往在學習上有困難，原因是當他們坐下來準備功課時，桌上可能就擺著收音機、家裡寄來的信，以及手機等，而室友的喧鬧聊天更是經常使人無法專心於功課。上述這些事都和造成他們無法專注於學習的行為（如聽收音機、看信及回信、打電話，和室友聊天等）

有關。為增加讀書的可能性,他們就必須靠刺激的控制了。特別是在看書當中,若需要用到參考資料,可以到圖書館去。那裡不會有讓人分心的刺激或干擾,比較能專心看書。

刺激控制之所以是一種自我控制技術,是因為當事人可運用「觀念的知識」來替代行為。在運用刺激控制之際,通常需要有顧問和當事人討論,並解釋如何操作運用刺激控制,及幫助當事人確認其行為是否控制得當。如果當事人了解並能運用一些基本概念,他甚至可以擴大行為改變的尺度,亦可實際去歷練改變刺激控制的過程。

以下是運用刺激控制時,必須記住的要點:

- 當事人要自我觀察所要改變的行為,以了解出現情形。

- 當事人必須觀察導致某一行為出現或不出現的情境。此行為在某特殊情境(刺激控制)中的出現頻次,是很重要的。

- 要能分辨哪一種情境有利於預期行為的發生。

假如在某個情境中,某適當的行為能夠表現出來,就讓當事人在那個情境中開始做同樣的反應行為。一定不要有令人分心的刺激引導當事人在那個情境中做出不良的行為反應。假如想把在某一情境中出現的不適當行為消除掉,就讓當事人在那個情境之下,開始表現新的行為反應(請參考替代反應訓練部分)。

以下是運用刺激控制的實例:

一個月來,克敏一直找學校的輔導老師談。他的成績一落千丈,而且有酗酒問題。他的朋友基本上很好,不過,最近他們開始在一間舊倉庫後面遊蕩,閒來無事就來個飲酒盛會。克敏原不想喝酒,也不喜歡朋友們酒後失態的樣子。但是當他們開始喝酒時,他很難說「不」,事實上是不可能去拒絕。

輔導老師給他一項建議,要他和那群人離開這間舊倉庫,到別處打發時間。輔導老師幫助克敏給他的朋友一些建議:從事如溜冰、打籃球,或是帶

朋友到家裡聽音樂等其他活動。這樣他們就不會老是躲在倉庫裡喝酒作樂。過了幾週之後，輔導老師仍然支持克敏努力控制其生活環境。他的生活逐漸恢復正常了。

▲刺激控制是一種自我控制技術的運用，請敘述其意義：＿＿＿＿＿＿＿＿

你應該將刺激控制定義為辨識控制個人行為的情境，而後予以變更或重新建立一個新的環境，使預期的行為更有可能發生。

下面的情境說明如何運用刺激控制的技術於行為改變上。

有一個晚上，陳先生和太太吃完晚飯後，正在收拾餐桌的當兒，談到彼此似乎很少有機會交談，而相聚的時間也不多。他們夫婦以往都是在客廳吃晚餐，而且談得很好。但是最近，他們改在電視機前一面吃飯一面看新聞。

▲假使你是陳家的人，請說明你如何運用刺激控制解決問題：＿＿＿＿＿＿

行為導因分析（trigger analysis）亦是重要的自我控制策略（Rolider & Axelrod, 2000）之一，透過此一分析來確認不當行為之環境（或人群互動）導因，而經由導因分析再進一步採行環境刺激控制，則較易於有效執行行為的自我控制。

行為導因分析係基於人類行為大抵可分為兩類，即反應性行為及操作性行為。反應性行為係指引導過去行為發生的刺激形成習慣性反應後，該行為反應成為非意識反應或自然而然的反應，例如在燠熱的房間裡自然會揮汗如雨、在吵雜的地方容易脾氣暴躁、受別人嘲諷容易被激怒等，這些行為反應皆是自動自發的，不必學習也不必教就自然而然發生。操作性行為則指自主意識的行為或行為結果在自己的預期控制下，不似反應性行為係被引導而來

的，例如在教室內是不是要就老師的發問舉手發言，或是不是接受朋友的要求去做一件事等；也有一些是負面的例子，如出現一些不良行為以引起老師的注意，或在僵持不下的氣氛下說聲抱歉以擺脫尷尬的情境。上述引起注意、擺脫尷尬等所採取的行動，皆屬操作性行為；雖然操作性行為最終還是受行為的結果所控制，但它可以增加行為發生的可能性及有效預測行為的發生。

　　總之，經由行為導因分析及教導當事人行為自我抑制及自我控制的方法，可有效降低問題行為的發生，其介入策略有五個步驟：(1)暫時移走行為誘因，以降低不當行為發生的機會及機率；(2)改變教學生態或選擇適當教學策略，如調整座位、針對學生的發問立即反應等；(3)提供學生有效導引的情境，如清楚界定什麼是良好行為？老師期待的行為反應是什麼？例如老師發給學生的作業單上列有下列幾點說明（如下）：

　　各位同學，這份作業單作答前必須先仔細閱讀下列說明才開始作答。

1. 你有十分鐘時間解下列十題計算題。

2. 如果你有計算上的困難，請舉手我會過去幫忙。

3. 注意，第六至十題較難，希望你們都能好好做答，若完全答不出來也沒關係，這幾題比較難。

4. 記得不要在自己不會的題目上停留太久，做答有時間限制。

　　(1) $22 \times 13 =$

　　(2) $17 \times 34 =$

　　(3) $67 \times 43 =$

　　(4) $39 \times 33 =$

　　(5) $72 \times 24 =$

　　(6) $124 \times 19 =$

　　(7) $72 \times 364 =$

　　(8) $219 \times 78 =$

　　(9) $423 \times 453 =$

　　(10) $564 \times 488 =$

(4)老師應針對學生不當的行為立即給予有效的反應，如何有效反應有下列幾點可供參考：a.在行為發生初始即有效反應，而不待行為嚴重惡化；b.在給予行為指引之際，記得要眼光直視學生或保持接觸，以保有較好的情境控制效果；c.隨時注意特殊的、有效的訊息，在給予學生適當的行為導引後表現良好行為，應立即給予適當的獎勵，若學生有不當的行為出現應立即給予口頭告誡，並指正行為，然後再予適當的行為指引，並對往後表現的適當行為給予獎勵；d.當中止不當行為後，可以重新改採較緩和的方式引介行為指引，若行為問題依然如故或可考慮降低強度（如作業難度降低、指派的工作量減少及工作指示指引減少等），在較低環境張力下，學生有機會試著體驗以適當行為取代不當行為；e.當學生在輔導下表現適當行為後，要給予獎勵或肯定他們表現自我控制的事實，例如老師可以說：「當你舉手要我過去幫忙，同時也十分專心想要做好指派的工作（或作業）時，我真的非常高興。」
(5)漸進教導學生學會自我控制。

方法六：自我指導訓練

有人經常會對自己說些悄悄話，而這些話往往影響他們的行為。例如，人們在做錯了一件事之後，經常自我譴責，發誓不再犯錯或罵自己三字經；而在做了件漂亮的事後，又會以許多正向的字眼，諸如「我真棒」、「太好了」等字眼來告慰自己。人們對自己說的話並非都是行為的結果。許多話是在行為出現前的指示或事件。人們經常在做某件事之前，自己給自己一些指示或演練。例如，當一個人要去應徵新工作，在會見未來的老闆之前，他可能先私下提醒自己舉止應當如何、該說些什麼話、該避免哪些事情等。這些話有助於導引適當行為的出現。除此之外，另有些自我提示是以預先演練的方式出現，他事先練習該如何應對以及老闆會說些什麼話之對話反應等。

上述情形，大都發生在個人的自言自語，別人是聽不到、看不見的。我們自己偶爾也會這樣做，而且也常聽到別人大小聲地自言自語，因此我們確信有這麼回事，它的確對行為發生起了導引作用。例如，當一位網球選手因失誤而輸掉了一場重要比賽，我們常在離球場老遠的地方，就聽到這位選手的自責聲。

別人下的評語（如讚美、誇獎）和指示會控制或影響我們的行為。這種事，大家知之甚詳。多數人比較不知道或不清楚，自我指導和自言自語亦可控制行為的事實。自我指導一向被當做一種自我控制的技術。藉著自我指導訓練，由當事人自己提出建議或評論，以控制自己的行為，其成效和接受他人的指導一樣。

例如，小孩子做功課或做事情常易衝動而錯誤連連，所謂嘴上無毛做事不牢。這時候，自我指導訓練就可用來幫助這些孩子，讓他們做起事來更加細心。孩子在做一件事時，可以教他們問自己一些有助於正確完成工作的問題。在教室裡，可以訓練孩子問自己一些問題（例如，「老師要求我做的事情是什麼？」），於是小孩子學會了謹慎地界定工作以回答問題（例如，「我要一字不漏的把黑板上的字抄下來。」）。然後，在做功課的時候，小朋友可以藉著自問自答的方式來檢核這項工作是否做得夠好（例如，「到目前為止，我做得怎樣了？這是否符合了老師的要求呢？」）。

自我指導訓練是一種自我控制技術，因為當事人無論處於何種情境，都可以隨心所欲地予以運用。然而，這種過程通常必須經過個別的或團體的嚴格訓練，一個人才會學習到使用什麼話來改變自己的行為。這種自我對話隨所要改變的行為，以及個人年齡與能力而有差異。例如，成人對心中無法化解的難題，往往會對自己說：「不再去想了！」小孩子怕黑，我們也可以訓練他以自我對話的方式，克服對黑暗的恐懼。同樣地，精神病患者說話常顛三倒四，可以訓練他們以自我指導的方式，隨時提醒自己說話要合乎邏輯，不要重複太多，而且注意別人在說什麼。

以下是運用自我指導訓練必須記住的要點：

- 首先要求當事人自我觀察，以取得某項行為發生的資料。

- 簡單列下一些當事人可以告訴自己的事情，以幫助預期行為開始出現。這張表可以包括避免讓（不當行為）發生的話（例如，「記著，在我了解這件事的真相之前，我不能回答任何問題」）。以發展正確的行為（例如，在我決定何者正確之前，必須仔細看每個答案）。並且檢核工作進行的狀況（目前為止，我做得如何？）

● 把自我評量加進自言自語中。當一個人做對一件事時，他會對自己誇讚一番（例如，「好棒喔！」）；相反地，當做錯事時，會對自己有負向的回饋（例如，「這次我做錯了，下一次我要做好一點」）。因此，自我指導訓練可以把自我增強和自我懲罰的好處合併起來而發展出適當的行為。

以下是運用自我指導來改變行為的例子：

　　汪老師伸手去按掉鬧鐘。她痛苦地叫道：「天啊！又要去對付那群討厭的學生！」她已經到了厭惡上班的地步。她那班四年級的學生在課業上愈來愈不用心，也愈來愈不守規矩。她曾叫他們罰站、放學後留校，但卻於事無補。後來她注意到，當她讓學生在做決定時，有更多發表意見的機會，學生的表現會好些。也許運用自我指導方式會有些幫助。

　　於是，她決定教學生如何針對不同的功課去運用自我指導的技術。她首先要每位學生自己陳述想做的功課是什麼？其中，哪一項是老師可能指定要做的；他如何選擇該做的功課；如何自我評量。起先，汪老師教這些學生大聲地對自己說出這些指令，然後是小小聲地，最後是只講給自己聽而已。

　　經過一個月的訓練之後，學生的功課都做得愈來愈好。

▲為了確實了解，請說明自我控制技術中的自我指導訓練是什麼？

假使你的答案是自我指導訓練就是教一個人藉著說一些事情（如特別的指令或話語）來控制自己的行為，那麼你的回答就是正確的。

　　以下所描述的是一個可以運用自我指導的情境。請閱讀後，擬出一個自我指導的訓練計畫。

傑仁是一位優秀的游泳選手，但他真正的願望是做個高空跳水好手。他曾在今年的春季比賽中表現優異，可是卻覺得自己在更高的跳板上做更複雜的跳水動作時，愈來愈困難。他的問題似乎出在當他站在跳板上的一剎那，他有點慌且很難集中精神在高高的跳板上做特別指定的動作。為此他決定克服自己的難題。

▲請你為傑仁寫出一套可行的自我指導訓練計畫：＿＿＿＿＿＿＿＿＿＿

＿＿＿＿＿＿＿＿＿＿＿＿＿＿＿＿＿＿＿＿＿＿＿＿＿＿＿＿＿＿＿＿＿

 ## 運用自我控制的原則

　　前面說明了六種自我控制的方法。無論單一或合併運用這六種方法，都應特別注意下列所提原則及其注意事項。

應用原則與注意事項

　　針對不同的人、事或環境條件，人類的「自我控制」行為如何妥善應用發揮成效，基本上要注意下述若干應用原則與注意事項，將可使行為的自我控制相對容易達成或合乎期望。

　　前述自我控制方法的說明，應可了解基本上這些方法及其採行的程序皆係衍引自本篇所提各種行為改變技術的基本原理而來，只是操控主體不同而已。讀者從本篇所提到的各種行為改變技術，應可了解這些技術大多數係由外在控制的方式來改變特定人的特定行為，操控主體在他人（如學校教師、管理人員，或孩子的父母等）所設定的程序及環境；而在本篇內文裏，這些技術的操控主體則在行為者本人，由其本人應用前述這些行為改變技術及程序來改變自己或控制自己的行為。這些技術無論單一或合併使用，基本上應特別注意下列幾點原則：

1. 首先，當事人對自己哪一特定行為需要改變、為什麼要改變，以及自己對該一特定行為的預期是什麼等，都應先有具體的了解與認識。行為的了解與認識最重要的就是「行為觀察」，當事人必須對自己所要改變或控制的行為先進行一段時間的持續觀察。經由這一段的觀察期，一般相信不僅對自己某一行為的性質及其表現有更深刻的了解與認識，因而有助於行為改變計畫的擬訂與實施；除此之外，行為觀察所獲得的訊息且可作為評估後續自我控制計畫施行成效評估的參考依據。

2. 由於行為自我控制的主體在行為者本人，因此在實施自我控制的過程之前，必須預先考慮當事人的年齡、智能水準，及其執行行為改變的能力等條件的可能影響。通常，在行為改變計畫執行之初，宜考慮當事人的能力條件，讓當事人只負責其中的部分工作，例如先只是進行目標行為的觀察與記錄。在當事人有所表現之後，再循序漸進逐步地讓當事人負更多的責任，直到他自己能自我管理整個行為改變過程的進行為止。

3. 在實施自我控制的行為改變過程當中，當事人必須持續監控行為改變的進步情形，一方面了解自我控制計畫的執行情形，一方面亦可隨時了解行為的變化狀況。

4. 在自我控制的實施過程當中，若是運用自我懲罰，務必同時配合對適當行為之增強。懲罰畢竟只是消極地抑制行為的出現而已，而增強則能積極地激勵、誘發正當合理行為的表現。

5. 自我控制方法的學習另一用處是當外在（如父母或師長等）協助力量消失時，自己得由自我控制而繼續維持特定行為的表現。

6. 為協助當事人遵循自我控制的準則，有效的方法之一即是列出生活周遭可以協助當事人的人，這些人在當事人應用自我控制時，能及時給予鼓勵及督促，尤其在計畫執行之初，這些人所扮演的角色十分重要。

技巧與範例

誠如前述，行為的自我控制方法主要是引用本書各章所介紹的各項行為改變原理及其方法，所不同的是前述各種行為改變方法大都由他人主導整個行為改變的程序，而自我控制則是由行為者本人自己覺知、控制，而改變自己所要改變的行為。

一般而言，自我控制的行為改變過程當中所涉及的主要策略，可區分為兩種基本形式：

第一是環境的規劃，或稱為環境刺激的控制。「行為」與「環境」間的關係，其重要性可由「個人行為是其環境因素的函數之關係」的界定可知。換句話說，若能適當安排個人身處的環境條件，可預期的，此一特定情境對能否有效控制個人特定行為的發生（或不再發生）將會產生直接的影響，例如在公共場所貼上禁止吸菸的標示，對有菸癮的人多少會有限制的效果。從另一個角度來看，個人的環境空間亦是其自身行為的函數，也因為行為與環境間相互依賴關係的存在，所以 Bandura 就認為不應過於強調行為的自我內在規範，並主張自我控制的人必須能夠以系統性行為改變方法來改變其行為所存在的環境。換句話說，個人的行為會受到其生活情境的影響；相反地，環境也會受到個人行為的影響，亦即「環境可以塑造人，而人也可以改造環境」。最典型的例子就是捷運車廂禁止飲食的行為，一開始是偏向個人行為的自制，仰賴高額的罰款抑制行為發生；久而久之，絕大多數人不會出現飲食行為，且當此一行為成為進步社會的表徵之後，個人行為的環境控制因素形成，就自然而然地成為我們習稱的「生活常規」。

第二是行為改變的程序，即是指在自我控制過程中針對特定行為所採取的行為改變方法，主要方法有下列幾項：

1. 行為的自我觀察：通常是以行為紀錄或圖表顯示方式來呈現所要改變的行為有關的資訊，例如每天的抽菸量、開銷支出的情形等。

一般人往往不易覺察自己行為表現的程度，有時一些習慣性行為早已形成自發性反應而不自覺，如在公眾場所或客人面前挖鼻孔；如果有機會

仔細觀察或覺察自己的行為，行為即經常會有所改變或改善。

自我觀察即是系統化觀察自己行為；這些行為觀察不單只是注意自己此時此刻正在做什麼，且得以針對某一特定行為進行持續觀察及記錄出現的次數。如果密切掌握自己的外顯行為及行為發生的次數，行為是會有所改善的。

多數人覺得行為的觀察及評量結果以圖表顯示，對他們自己的行為控制很有助益。此種圖表可依行為發生的曲線來繪製，一般人很快就可從中了解某一行為改變的發生，或自我控制計畫的成效，此一狀況正可印證西方諺語：「一張圖勝過千言萬語。」看起來一目了然。

在進行行為改變計畫之前，先連續做一週的觀察記錄，這一週的記錄即是基準線期的行為參照次數。基準線期所要確定的是行為改變計畫執行之前，當事人特定行為發生的頻次。

在建立基準線之後，開始執行自我控制計畫，其中包括自我觀察及自我增強方式的應用，同時也可以了解其對行為改變的影響。紀錄表除了劃記外，亦可黏上或繪上彩色圖記或符號，使此一圖表更具特色及可讀性。

2. 正向的自我增強：針對特定、正向的行為反應或表現，自己施予自己直接而有效的增強或獎賞，其方式有社會性或物質性等多種，例如自己說：「我是一個勇敢的女孩子，因為我可以一個人獨自晚上留在家裡。」這是一種語言的控制性反應，控制性反應的意思即是類似這一種反應並非是自己內在自發的而是經過刻意安排的。

3. 負向的自我增強：當特定、正向的行為反應或表現出現之後，可因而避免或脫離自己施予自己直接但可避免的嫌惡刺激，例如，一位正在減肥的人，什麼時候能遵照飲食規定，那麼就可以隨時自己移走那張掛在房間內令人不快的肥豬海報。

4. 正向的自我懲罰：當出現特定、負向的行為反應之後，取消自己施予自己直接而有效的增強或獎賞，例如，對想要減肥的人，規定若攝取的熱量超過每天限量之上一百卡路里時，就罰一百元。

5. 負向的自我懲罰：當出現特定、負向的行為反應之後，就呈現直接但可

避免的嫌惡刺激，例如，每次拿甜點起來吃時，就讓自己聞一聞令人大倒胃口的氣味。

除了上述五項主要方法之外，另外幾項方法，如替代反應訓練、環境刺激控制及自導能力訓練等，則是融合各種行為改變技術，亦經常被應用在行為的自我控制上。特別要強調的是這些方法或策略雖是分別討論，但在實際應用上則必須綜合運用，很少是採取一種方法即可達成行為自我控制的目的。

問題發生時的處理

並非所有的自我控制計畫都有立竿見影的效果。當發覺問題存在時，我們可採取幾個步驟：第一，必須確定這個計畫是否按照原設計計畫去施行？第二，當事人是否在適當的情境中表現出適當的行為？第三，在更改既定計畫之前，要先確認這個計畫是否充分試過了。

如果問題出在未遵照計畫的規定，則必須針對當事人的遵守行為實施有系統的提示或讚賞。在當事人學到自我管理或自我監視的技巧後，這些附加的行為提示或讚賞才得以剔除或取消。

若自我增強的結果並未對當事人本身的行為產生任何效果時，則必須檢討是否該「好」的行為表現並非當事人所預期或所喜歡發生的？同樣地，自我懲罰如果效果不彰，亦應檢討是否原訂要改善的「壞」行為並未令當事人十分嫌惡所致。

本篇介紹的自我控制方法，當事人若能同時實施兩項或以上的方法，對行為改變的效果可能更佳。自我增強尤其容易和其他自我控制技巧合併使用，以發揮更大效用。

有時自我控制的技術應用似乎發揮不了作用，這時候，就必須考慮輔佐以其他的行為改變技術。例如，系統性注意與讚賞、隔離等。一旦這些輔助技術成功之後，可以回到自我控制過程，繼續行為的改變或維持改變。

自行設計自我控制計畫

學習新技巧，實際練習最為重要。為了讓讀者有機會練習已經學會的自

我控制技巧，請自行設計並執行一項自我控制方案，以增進或減低你所想要改變的行為。

1. 首先，請明確指出你想要改變的行為是什麼？ ＿＿＿＿＿＿＿＿＿

＿＿＿＿＿＿＿＿＿＿＿＿＿＿＿＿＿＿＿＿＿＿＿＿＿＿＿＿＿

2. 請描述你想運用的自我控制步驟或方法： ＿＿＿＿＿＿＿＿＿＿

＿＿＿＿＿＿＿＿＿＿＿＿＿＿＿＿＿＿＿＿＿＿＿＿＿＿＿＿＿

3. 你如何監測你的行為改變計畫？ ＿＿＿＿＿＿＿＿＿＿＿＿＿＿

＿＿＿＿＿＿＿＿＿＿＿＿＿＿＿＿＿＿＿＿＿＿＿＿＿＿＿＿＿

4. 你如何進行你的計畫？ ＿＿＿＿＿＿＿＿＿＿＿＿＿＿＿＿＿＿

＿＿＿＿＿＿＿＿＿＿＿＿＿＿＿＿＿＿＿＿＿＿＿＿＿＿＿＿＿

5. 你是否遇到了問題？ ＿＿＿＿＿＿＿＿＿＿＿＿＿＿＿＿＿＿＿

＿＿＿＿＿＿＿＿＿＿＿＿＿＿＿＿＿＿＿＿＿＿＿＿＿＿＿＿＿

6. 你有辦法克服這些問題嗎？如何去克服呢？ ＿＿＿＿＿＿＿＿＿

＿＿＿＿＿＿＿＿＿＿＿＿＿＿＿＿＿＿＿＿＿＿＿＿＿＿＿＿＿

7. 想想並列出其他你想改變的行為和情境，並且說明運用哪一種自我控制方法最為適當。 ＿＿＿＿＿＿＿＿＿＿＿＿＿＿＿＿＿＿＿＿

＿＿＿＿＿＿＿＿＿＿＿＿＿＿＿＿＿＿＿＿＿＿＿＿＿＿＿＿＿

參考文獻與延伸閱讀

Axelrod, S., Hall, R. V., & Tams, A. (1979). Comparison of two common classroom seating arrangements. *Academic Therapy, 15,* 29–36.

Broussard, C. D., & Northup, J. (1995). An approach to functional assessment and analysis of disruptive behavior in regular education classrooms. *School Psychology Quarterly, 10,* 151–164.

Clarke, S., Dunlap, G., Foster-Johnson, L., Childs, K. E., Wilson, D., White, R., & Vera, A. (1995). Improving the conduct of students with behavioral disorders by incorporating student interests into curricular activities. *Behavioral Disorders, 20,* 221–237.

Dunlap, G. (1984). The influence of task variation and maintenance tasks on the learning and affect of autistic children. *Journal of Experimental Child Psychology, 37,* 41–64.

Dunlap, G., Kern, L., dePerczel, M., Clarke, S., Wilson, D., Childs, K. E., White, R., & Falk, G. D. (1993). Functional analysis of classroom variables for students with emotional and behavioral disorders. *Behavioral Disorders, 18,* 275–291.

Foster-Johnson, L., & Dunlap, G. (1993). Using functional assessment to develop effective, individualized interventions. *Teaching Exceptional Children, 25,* 44–50.

Kern, L., Childs, K. E., Dunlap, G., Clarke, S., & Falk, G. D. (1994). Using assessment-based curricular intervention to improve the classroom behavior of a student with emotional and behavioral challenges. *Journal of Applied Behavior Analysis, 27,* 7–19.

Kern, L., & Dunlap, G. (1999). Assessment-based interventions for children with emotional and behavioral disorders. In A. C. Repp & R. H. Horner (Eds.), *Functional analysis of problem behavior: From effective assessment to effective support.* Monterey, CA: Brooks/Cole.

Luiselli, J. K., & Cameron, M. J. (Eds.). (1998). *Antecedent control: Innovative approaches to behavioral support.* Baltimore: Paul H. Brookes.

Northup, J., Wacker, D. P., Berg, W. K., Kelly, L., Sasso, G., & DeRaad, A. (1994). The treatment of severe behavior problems in school settings, using a technical assistance model. *Journal of Applied Behavior Analysis, 27,* 33–47.

Powell, S., & Nelson, B. (1997). Effects of choosing academic assignments on a student with attention deficit hyperactivity disorder. *Journal of Applied Behavior Analysis, 30,* 181–183.

Repp, A. C., & Karsh, K. G. (1994). Hypothesis-based interventions for tantrum behaviors of persons with developmental disabilities in school settings. *Journal of Applied Behavior Analysis, 27,* 21–31.

Rolider, A., & Axelrod, S. (2000). *How to teach self-control through trigger analysis.* Austin, TX: PRO-ED.

Singh, N. N., & Singh, J. (1984). Antecedent control of oral reading errors and self-corrections by mentally retarded children. *Journal of Applied Behavior Analysis, 17,* 111–119.

Smith, R. G., & Iwata, B. A. (1997). Antecedent influences on behavior disorders. *Journal of Applied Behavior Analysis, 30,* 343–375

Umbreit, J., & Kwang-Sun, B. (1996). The effects of preference, choice, and attention on problem behavior at school. *Education and Training in Mental Retardation and Developmental Disabilities, 31,* 151–161.

Vaughn, B. J., & Horner, R. H. (1997). Identifying instructional tasks that occasion problem behaviors and assessing the effects of student versus teacher choice among these tasks. *Journal of Applied Behavior Analysis, 30,* 299–312.

Weeks, M., & Gaylord-Ross, R. (1981). Task difficulty and aberrant behavior in severely handicapped students. *Journal of Applied Behavior Analysis, 14,* 449–463.

如何教導孩子舉一反三？

——類化技巧的應用

D. M. Baer◎著

王文秀◎譯

引 言

　　本章是寫給希望自己或他人的行為有所改變的人士。不管任何人都會希望自己的行為能有所改變——減肥、勤勞一點、菸少抽一點、人際關係加強一點。許多人負有協助別人改變行為的責任——父母之於子女；教師之於學生；諮商師之於當事人；醫護人員之於病患；雇主之於員工。另外還有許多人是彼此支持打氣以達到改變行為的目的——如配偶、情侶、工作夥伴、同事與朋友等。

　　對以上所說的這些人來說，他們除了要知道如何改變自己或他人的行為之外，更要有心理準備——剛開始時這些改變可能會看不出有什麼效果。一位有發音缺陷的小朋友在語言治療師那裡學到如何說得更好，而且在治療師那裡也練習得很好，但是一出診所之後，可能又回到原來的狀態。一位體重超重的人在自己家裡可以輕易地控制自己的飲食，但一到餐廳、宴會、朋友家，以及看電影或球賽時，可能又會無節制地吃喝。一位母親可以很輕易地教她兒子在餐桌上要人幫忙拿食物時該說聲「請」，或是接到禮物時該說聲「謝謝」，但當兒子實際情況中並未說「請」或「謝謝」時，母親往往覺得很挫折沮喪。

　　在這些例子當中，造成行為改變的這些人所欠缺的是一種更廣的直接效果。他們本來預期學習者只要學會他們所教的「概念」、「規則」、「技巧」，或者養成「習慣」，直接造成這些改變之後就已足夠，至於其他良好行為的改變將會自然而然出現。在這些例子中，他們都失望了，因此，有人會懷疑是不是他們教法不當，甚至認為是學生太笨（那位想節食的人士可能會下結論說自己就是缺乏「恆心毅力」）。

　　本章提供給這些人兩種課程──一種是消極的，一種是積極的。

　　所謂消極的課程是指只是教一些例子而不自動涵蓋或注入某概念、原則或習慣。只學會一件事的某一方面絕不意味你學會剩下的其他部分；目前把某件事做得很好並不表示你永遠都會做得這麼好；能持之以恆地抗拒某項誘惑並不表示你具備毅力與紀律等品德。因此，問題絕不是出在學習者的愚鈍、學習障礙、食古不化或不成熟。問題的癥結乃在於所有學習者都是這樣的：除非接受過類化的課程，否則不可能學到類化（generalization）。

　　所謂積極的課程則是指能教授類化性的課程，或至少能夠鼓勵別人學習的課程。為達到積極課程的目的，在教學的過程中，我們必須時常思考以下的問題：

1. 我們直接要教的是什麼課程？

2. 我們要學生學習的是不是只止於我們所要直接傳授的內容？或是應該超越或類化我們所教的內容，讓學生能舉一反三？

3. 如果我們希望學生對所學能加以類化，我們也準備好要教，也願意去教，也有足夠的時間與教材去教，那麼共有哪些方式可達到類化的功能？

4. 當我們思考過可以使這課程達到類化效果的各種方式後，再想想我們最有可能採用哪些方式以達到真正有效的類化教學？

　　本章的主旨在解答問題四，但是別忘了在解答問題四之前，必須儘量審慎且周延地回答問題三。而要回答問題三必須先解答問題一和二；

由問題三的答案可決定問題四的答案。而問題三若答不出或答錯，則意味著當你進行教學而嘗試選擇一個類化方法時，你只是在擲骰子。

　　上述是引言，尚需實例說明才有用，但在提及例子之前，須先考慮一些事情。

一些考慮要項

考慮一

　　本篇是寫給原本就了解如何有系統地改變行為的人看，如果你的情況並非如此，那麼你是讀錯篇。的確，在學過如何改變行為之後，或是學習的同時，都需要馬上試著運用類化性的行為改變，但若事先沒有這些基礎而先學本篇的方法，不但沒有用而且更可能造成反效果。就像英國一些崎嶇路段所立的告示：「別說沒人警告過你！」

　　那麼你又怎麼知道自己是否已了解如何有系統地改變行為？若只是偶爾曾經很成功地教某人某些東西，這絕不足以證明你能夠有系統地運用，最大的考驗是你是否總是知道要如何達到改變的目的，而且也很清楚地知道自己還要做多少的努力，才能確保以後都能成功地教人。

　　考慮一即是針對「有系統地」而言，唯有有系統地了解並運用行為改變的人，才能敘述並解釋他們的所作所為是根據什麼原則，才能融會貫通技巧與原則。必要時才能針對這些技巧舉一反三，靈活運用；能夠熟練地觀察、記錄、並圖示自己的行為，在教導學生的時候，也能讓學生學會，對自己所設計的內容亦能了然於胸。如果以上任何一點對你來說有困難，請參閱其他冊。

　　本章及其中所列的步驟必須與其他冊配合，絕不可能獨立作業，這是第一項也是最重要的一項考慮。

考慮二

　　本篇可以另外訂名為「如何嘗試類化」，考慮二所表達的即是「嘗試」

二字，本篇將敘述一些可以達到行為改變的步驟，但這只是表示這些步驟可以達到，卻不是保證一定會無往不利。在行為分析領域的研究報告中，不難看出有些技巧有時難以奏效，就像食譜一樣，照食譜烹飪有時也會失敗。失敗的原因，有時是因為促成成功的一些要素未能特別加以強調，或是有些廚師並沒有體認到那些要素有多重要，因而忽略；或是將調味料的比例調錯，致使這盤菜色不香、味不美。

我們所遭遇的困難可能比前面提的還困難，那些應用行為的科學家並不是明明知道完美的類化情境必須具備的要素有哪些，卻忘了註明清楚，或以為讀者都已知道，所以略而不提；問題是至今沒有任何一個人知道構成成功類化食譜的充分且必要條件有哪些。我們要做的只是說明通常可以奏效的因素有哪些，這已是盡我們最大的力。也因此，以那些技巧來說，你所能做到的就是盡力嘗試運用類化的行為改變，萬一失敗，重新仔細思考這問題，或許再試一次，在重新思索問題時，將牽涉到問題解決，這時候將需要更完整的相關知識與技巧，如果你想成功，記不記得「考慮一」？

考慮三

本篇所提供的食譜並不全然是對類化理論的探討分析，事實上，本篇的出發點是類化的實際應用效果。如果以科學分析的角度來看，或許用其他說法（如「刺激控制」、「自然增強情境」、「內在口語冥想」）可能更正確。通常名稱改變，過程亦會改變，此處就是這種情況。本篇所列的各步驟並不全然只是「類化」的過程，然後引導到日常生活的真實情境；本篇的步驟涵蓋得較廣，也因為這裡所提的步驟或歷程不是截然清楚可以劃分，因此很難要求他們調整到完美無缺的地步。

那麼究竟為什麼這些步驟能發揮功效呢？顯然地，雖然它們不見得完美無缺或攻無不克，但是由它們所引發的行動仍然蘊涵許多重要的行為分析歷程。本章所匯集的這些步驟，並不是要讀者加強對類化、刺激控制、內在口語冥想或自然增強情境等的了解，主要是因為我們需要造成更廣泛的行為改變，而這些步驟往往可以符合所需，我們可以知其然，不必知其所以然，亦即可以實地運用，但不一定需要知道這些步驟為什麼會有用；也因為它們只

能達到單純的實用目的，因此我們也只是單純地將之整理並名之為「類化技巧」。以實用性觀點來說，它們的確名副其實，但自基礎理論的觀點來看，仍有一段差距，所以考慮三即是我們要了解這是實用性的，而且必須知道到今天為止，還有許多針對實用性目標的分析性研究尚未上軌道。

考慮四

本篇不單只是一篇而已，作者邀請你試著運用一套並非十分分析性的技巧來達到運用行為分析的目的，更重要的，作者也邀請你將這些技巧運用到真實情境中以改變行為。通常「運用行為分析」是在大學課程中花許多小時講授，同時要閱讀許多有關的文獻與研究報告，並由一些本身甚具研究與臨床經驗的人加以督導。但是在本篇，完全不是這麼回事，這裡只有薄薄的幾頁可供閱讀，讀完之後即要嘗試類化的行為改變。因此最後一項考慮即是雖然光是閱讀小小的一本食譜或許無法讓每個人都滿載而歸，但──仍是有可能！事實上，如果沒有本篇的話，許多需要研究資料支持的實證性問題恐怕難以解答。若本篇使用者能夠很小心，有系統且準確測量並運用有效的研究設計，且將研究結果呈現，才有可能使研究更加周延。如果本篇的使用者能夠符合考慮一的要求──亦即對其他冊均知之甚詳──則他們確可達成研究報告的目的，因此考慮四反過來說仍與考慮一有關，現在請再複習考慮一。

 一些積極課程的示例與步驟

本篇的積極課程即是指運用一些方法使行為改變產生類化的效果。但在呈現這些方法之前，讀者必須運用適當的途徑以便得其門而入，亦即可選擇最有效的一個或一套方式以發揮最大效果。所謂的途徑，在前一節已提過，即是引言所提的四項前後銜接的問題。現在這些問題要依你實際的需要加以調整，關於這點，本篇愛莫能助，也只有你自己才知道你所想要改變的是什麼行為，以及你希望這行為類化到什麼程度，只有請你自己擬訂一份計畫，才能使本篇接下來的部分發揮功能。

剛開始時，你所要擬的計畫需能回答以下的基本問題：你究竟要直接改

變哪些行為？對象是誰？

換言之，學生是誰？所要進行的課程究竟是什麼？再者，是誰要來教？有時候你本身就是老師，而你的學生就是你自己（記不記得那位想節食的男士？）；有時你是老師，但學生是另一個人（記不記得那位教她兒子說「請」、「謝謝」的母親？）；另外，有時你是老師的諮詢員（假設那位母親向你請教如何使其兒子類化說「請」、「謝謝」的行為）。

▲仔細思考你的個案來源，並列出所有必須參與改變行為者的名單：學生、老師、諮詢員。當然你也是這些人當中的一位。_____

_____

▶**步驟一：學生**

先由學生，即行為改變的目標著手，首先仔細思考並列出這位學生所有必須改變的行為，要做到這點並不容易，但是所花的心血絕不會白費，完成之後，你將可以從較實際的計畫開始著手，而這也是促使計畫成功的先決條件。

仔細想想這個學生需要改變的所有行為。

▲列出這位學生必須改變的各種行為：_____

_____

示例：若目標行為是說「請」和「謝謝你」，是只要學會「請」字即可，或是還要教「請你」等句？你要把「請」或「請你」放在每一個請求的句首或句尾？或是兩種情況都要教？光是教「謝謝你」是否足夠？或是還要教「多謝」、「好的」、「哇！太謝謝你！」、「正是我想要的」等等。另外，教這些形式時，是否都要面帶微笑，或只是其中一

些表達句才要？_____

_____

示例：目標行為是發出正確的「一」音，通常這位學生一、一ˊ、一ˇ的音
都不分，正確的發音方式要看「一」字是放在注音符號一聲、二聲、
三聲或四聲之前而有不同的破音字讀法。

這些唸的方式你需不需要全部都教呢？　要□　不要□　為什麼？

_____

_____

示例：目標行為是自己穿衣服，行為的表現方式包括把腳放到褲管、襪子以
及鞋子裡；手會放進衣領中，從袖子伸出來，頭和手臂會從上衣伸進
伸出，腳和腿會從褲子伸進伸出；右手、右腿、右腳會伸進右邊袖子、
褲管和鞋子；左手、左腿和左腳會伸進左邊袖子、褲管和鞋子。會扣
釦子、綁帶子、繫蝴蝶結、鉤鉤子、用披肩裹著、拉拉鍊、把衣服塞
進去和拉出來。

你是不是要教他所有的這些動作？　是□　否□　為什麼？

_____

_____

▲列出所有要讓學生改變行為的場所、情境與對象：_____

_____

示例：目標行為是「請」字（包括你認為必要的所有表達方式）。列出這個
小孩可能會用到各種「請」字的各種情況，如在餐桌上請別人遞東西；
請求協助、詢問資料等。是不是這小孩所做的每一項請求均要附帶說
個「請」字？如果不是的話，那麼你能否界定清楚在哪些情況下，他
應該要會說「請」，哪些則不用。事實上最重要的是教小孩能夠清楚
地了解「請求」的概念，如果不能界定清楚，你可能會事倍功半，因
此對小孩的表現很失望（這並不表示我們還沒學會區分哪些情境要不
要說「請」；也不表示我們對別人對我們的行為表現不滿意，在此所

指的是如果我們不能具體區分這些行為要如何表現，則我們也很難教
這些孩子該如何表現）：＿＿＿＿＿＿＿＿＿＿＿＿＿＿＿＿＿＿＿

＿＿＿＿＿＿＿＿＿＿＿＿＿＿＿＿＿＿＿＿＿＿＿＿＿＿＿＿＿＿＿

示例： 目標行為是穿衣，不管要教的是哪些行為，最重要的是學習者只能穿
自己的衣物，不是（在家裡）穿姊姊的外套、（在宿舍裡）穿室友的
長褲、或（在養護機構）穿其他院童的衣物。同時也要考慮他們自己
穿新衣服的情況。列出所有穿衣者穿衣時應該或不該做的各種情況。
別忘了穿衣服應該配合天氣狀況，以及隨後要參加的活動及社會習俗
等因素：＿＿＿＿＿＿＿＿＿＿＿＿＿＿＿＿＿＿＿＿＿＿＿＿＿＿

＿＿＿＿＿＿＿＿＿＿＿＿＿＿＿＿＿＿＿＿＿＿＿＿＿＿＿＿＿＿＿

示例： 目標行為是正確發出「ㄧ」的音。列出所有必須發出正確「ㄧ」音的
對象、時間及地點，是不是無時無刻都必須發對音？（這種例子適用
於要求任何時地都表現此種行為的情況，除非在話劇中要扮演有語言
缺陷的角色則不在此限。）＿＿＿＿＿＿＿＿＿＿＿＿＿＿＿＿＿＿

＿＿＿＿＿＿＿＿＿＿＿＿＿＿＿＿＿＿＿＿＿＿＿＿＿＿＿＿＿＿＿

示例： 目標行為是讓教養院內的智能不足兒童向院內工作同仁打招呼（因為
不斷向工作人員打招呼可使兒童與工作人員更親近，更有助於社交與
教學）。限於兒童的學習能力，打招呼的形式僅只於揮手和微笑。列
出應向哪些人打招呼，以及不應向哪些人打招呼（如陌生人）。

列出在什麼情況下應該向這些人打招呼，哪些情況則不適合：（如「一
段時間之後」，這段時間是指多長？一小時？當然可以，那麼，一分
鐘呢？）＿＿＿＿＿＿＿＿＿＿＿＿＿＿＿＿＿＿＿＿＿＿＿＿＿＿

＿＿＿＿＿＿＿＿＿＿＿＿＿＿＿＿＿＿＿＿＿＿＿＿＿＿＿＿＿＿＿

示例： 目標行為是吃少一點。這種情況包括三餐、宴會中、朋友家、電影院、
球賽、郊遊以及別人正在吃時順手拿過來的東西。再列出所有可能吃
得到東西的情境，並決定是要完全限制或部分限制。另外還要考慮在

這種計畫中常見的狀況，如偶爾不能自我控制而又大吃大喝。許多節食者往往因破戒一次即全盤宣告失敗，因此有必要將此列為可能發生的狀況，而且一旦真的產生這種結果，應馬上將節食再重新列為目標行為：＿＿＿＿＿＿＿＿＿＿＿＿＿＿＿＿＿＿＿＿＿＿＿＿＿＿＿

＿＿＿＿＿＿＿＿＿＿＿＿＿＿＿＿＿＿＿＿＿＿＿＿＿＿＿＿＿＿

「全部列出」的可能好處

列出所有要改變行為的形式及情境有六種可能的好處：

1. 你現在可以很清楚地了解問題的全貌，因而可「進一步」看清接下來的教學計畫應涵蓋的內容。

2. 如果你到最後所教授的內容比全部的問題少，是因為你做了選擇，或是因為要配合情境才如此做，而不是因為忘了而漏教其他可能也很重要的行為。

3. 如果你因為教學計畫不完整導致行為改變效果不彰時，較能掌握毛病出在哪裡。

4. 你可以依個人能力或緩急輕重來決定教授哪些內容。

5. 你可以決定最需要教的是什麼，接著再決定怎麼教能夠引發其他預期的行為。也就是有一些你目前不要教或是不能夠教的內容，透過間接的方式讓學習者也能學會在適當的情況下表現出來。

6. 但是如果你採用的是上述的第五項，而不是如第一項所提的完整計畫，則你應該能了解所造成的直接效果可能相當有限。因為你充其量只能「鼓勵」那些不是經過你直接教授的行為產生，因此若非經過審慎考慮，且是迫於實際情況所限，否則勿輕率採用第五項。

▶步驟二：其他人士

到目前為止你已列出這位學生所有應該改變的行為，以及應該產生改變的各種情境，接下來是針對每一位有關人士也如法炮製。

1. 由誰負責教授這些要改變的行為？要如何改變這些行為？這些教授的行為應該用什麼形式表達出來？最適當與不適合呈現的時機各是什麼時候？

_____

_____

2. 如果這些要改變的行為真的在所有預期的情境下全部都能表現出來，還有哪些人可能也會受到影響？有誰跟這位學習者住在一起？一起工作？一起娛樂？誰是旁觀者？誰負責跟他聯繫？_____

_____

這點對任何行為的改變均極重要，尤其針對那些更需要類化的行為，因為所有與行為改變者有關的人都可能是他的老師。換言之，並不是因為你被冠上「教師」或「行為分析師」，就只有你有獨一無二的權利促成對方的行為改變。事實上，只要我們跟別人接觸，有形或無形中均會影響到對方行為的持續或改變。唯一比較不同的是，藉由較正式的知識管道較能正式的提供一般人如何有效的造成改變。這類的互動之所以還不是很普遍，是因為還不清楚正式的知識系統要如何運作（雖然類似本篇或是其他的許多篇，都致力於無止盡擴展這樣的概念）。

列出這些人的名單之後，最起碼可以知道有哪些與學習者有關的人必須容忍學習者所造成的改變。除此之外，另外一個好處即是知道哪些人可能會影響到學習者，亦即誰可以教導、誰可以維持或造成行為的類化。

▲因此，現在你可以再多列出兩項：

1. 如果會受到影響或是跟這些改變的行為有關聯的人只是抱持著容忍而非對立的態度，他們應該表現或是停止表現哪些行為？他們可以有哪些表達的方式，以及在哪些情況之下，他們必須改變自己的行為？ _____

2. 如果會受到影響或是跟這些改變的行為有關聯的人採取的是主動支持，而不只是容忍的話，他們必須表現或是停止表現哪些行為？這些行為必須採用哪些方式？以及這些行為應該在何種情況下出現？ _____

示例：一位在教養院內不能移動的智能不足女孩，每次都是靠院內工作人員推著她的輪椅活動。一位行為分析師已經很成功地教這位女孩用拐杖走路，但是發現這女孩使用拐杖的情形不能類化到分析師不在的時候，亦即分析師若不在場，這女孩仍會要求其他工作人員幫她推輪椅。這位分析師首先說服工作人員，讓他們知道不幫女孩推輪椅完全是為她著想，且進一步說明拐杖的用處。他們溝通完之後一起協助這女孩，她很快開始用拐杖到處走動。幾週後，她的活動範圍與活動量比以前大了許多，更由於每當她拄著拐杖走到那些工作人員所在之處時，他們都熱情溫暖地接納她，因而更促使她願意靠著拐杖擴大活動範圍。

41

其他可能的好處

　　列出所有要改變的行為、情境及所牽涉到的人，可能會有另外六種好處。這些跟上一節所敘述的六種好處相同，現在再讀一次，並注意另外提出討論的部分：

　　1. 現在你真的看到整個問題的全貌，接著也可以很清楚地看到你的教學計

畫需要注意的地方。

2. 如果你所教的內容比實際問題少，這是因為你做了抉擇而不是因為你忘了某些已存在而且重要的行為形式；或是這些行為改變在某些情況下是否應該發生；或是有其他人的行為改變也牽涉其中，而他們行為改變的形式和情況也應同時考慮。

3. 如果因為你的教學計畫不夠完整，因而造成不大理想的後果，亦即行為改變效果不彰，你不必太過驚訝。

4. 你可以決定教少一點，或是教的對象比實際應該包含的人少，或許是因為這樣做比較實際，或是你比較可能做到！但是如果你真的如此做，你必須記住下面第五點。

5. 你可以決定務必要教的內容是什麼、一定要教的對象是誰。你也可進一步決定要用什麼方式教，以間接發揮學習效果。

6. 但是，如果你採用上述的第五點，而不是如第一點所指的完整計畫，你可以想像得到所達到的效果勢必沒有像第一點所提的那麼完整面面俱到，因為你所能做的充其量只是從旁間接激發行為改變，而非直接施展作用力，因此你之所以選擇第五點，除非是特殊必要，否則應是審慎衡量過各種投資報酬的可能性及利弊得失之後才做的決定。

▶步驟三：決定教的等級

到現在為止，你已列出所有要改變的行為、所有表達形式、所有可能情境及可能牽涉到的人；也已經確定要選等級一（直接教導所有要改變的行為）或等級五（教那些最重要的，並且所教的方式可促使沒有教到的行為亦連帶改變）。

如果你選的是較周延但較困難（有時甚至是不可能）的等級一，本篇你不用再看下去。如果你選的是較不完整但較實際的等級五，你必須採取下列兩項行動：

● 決定最重要且必須直接施教的內容及對象。

　　如果你不能確定問題性質及情境，本篇將愛莫能助。你若仔細看過本篇，應該記得前述考慮一的內容，亦即你應該已了解如何有系統地造成行為的改變。因此你現在應有足夠的智慧判斷究竟應對誰而教以及教些什麼，更重要的是，你應該能夠判斷出所做的決定是否合宜。若實施效果不彰，也能馬上修正。

● 針對你不打算直接教而必須採用類化技巧的內容及對象，你現在必須考慮如何將類化技巧列入你的教學當中。

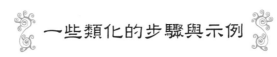
一些類化的步驟與示例

▶步驟四：找出自然的增強情境

　　在日常生活環境中無論任何行為都幾乎充滿穩定、可靠及賣力得來的增強來源，這些情境我們都已習以為常，所以看來似乎再自然不過。

　　我們的生理構造、地心引力的作用力以及地球表面的特殊結構，在這些因素的交互作用之下，我們可以很輕易有效地藉著步行、跑步等方式從甲地移動到乙地。在很多情況下，我們的增強物必須去某地才能獲得，而不是待在原地就可以取得，也因此任何能夠到達某地的方式都可以被增強。對我們、對整個地球及自然法則來說，跑步和走路剛好就是很恰當的兩種方式，如果你仔細觀察走路和跑步的動作，將會發現那就是腿和身體其他部位密切協調的結果，如果腿的動作不夠靈活，可能會使我們跌倒或難以到達我們的目的地，那麼是誰教我們這些精確無懈可擊的動作表現呢？父母經常刺激他們的子女走路、把他們舉起來，並且當子女的動作技能正在發展階段時，會給予增強——但是雖然如此，父母卻很少教導幼兒精確地走路。大多數的父母並不了解動作技能發展的精確性。倒是整個自然情境的增強作用實際負起教育的責任，亦即經由幼兒從原地到達某地的過程中，自然情境會懲罰其所犯的

錯誤，忽視無關緊要的反應，並增強正確的動作表現。走路和跑步這兩個類化性的技巧行為比其他父母所能激發的行為反應都來得大，但是自然情境卻足以應付如此龐大的教學任務。

以上所舉的例子即是很典型的自然的增強環境的例子，它們不僅促使已經形成的行為有所改變以滿足個體所需，而且還能使這些改變更加精進、拓展、精確、修正以達更完美；除此之外，亦能設法保持這些情境。對任何想培養類化性行為改變的人來說，它們都是最理想的戰友。

又例如，對大多數人而言，一旦學習到如何閱讀之後，終其一生均會不斷精益求精，讀得愈來愈好，我們所閱讀的內容可能充滿了增強作用，我們經由閱讀得到的知識，可使我們在一生當中增加得到增強而減少受懲罰的機會。

同樣的，大多數的人一旦學會說話，一生中會變得愈來愈會聽別人說話，自己也會說得愈來愈好。我們所聽到的內容可能就是增強物，而運用語言能力來掌握社交關係也可增加增強且減少受懲罰的機會。

上述這種論點已引發許多運用行為分析家的爭議，是不是我們精心策劃所要改變的行為一定要能夠符合自然增強情境且有關的行為才行？的確，要造成行為的改變，我們可能要採取某些行動，但是如果自然的增強情境不能隨之維持、拓展及修正，我們不是必須不斷步步跟進、完全由教學者來教，就是那個行為將很快就銷聲匿跡。

有一項很重要的原則，即是如果沒有自然的增強環境可資配合，最好不要嘗試任何精巧的行為改變。如果要破壞此原則，那就表示你自己自始至終要包辦所有的行為改變。因此若要打破此原則，須先有心理準備——你必須有能力而且願意承擔一切後果。這項原則不僅重要，而且是本篇與其他冊的金科玉律。

避免犯錯

在遵守此原則的同時，有兩項錯誤應設法避免。

1. 你可能會誤以為擬改變的這項行為並沒有自然的增強情境存在；問題可

能只是出在你的教學方法沒有把該行為與自然情境好好配合。

2. 你可能會誤以為擬改變的這項行為並沒有自然的增強情境可與其配合；
問題可能只是這個自然情境不是很明顯，需要去發掘。

示例：在教孩子閱讀時，應該要持續教到孩子可以很流利地閱讀。如果閱讀
這工作很困難、進展很慢、很難立竿見影，則孩子不可能與自然的增
強情境相配合。因為增強應是來自孩子對閱讀內容的了解，若閱讀能
力差，所了解的句意將受到限制。曾有一些在補救教學教室中採用代
幣增強制度的研究，兒童學習閱讀、算術、拼音等課程時均給予代幣，
當他們每一科都學得頗進步時，實驗者試著採用間歇性增強的方式，
以了解如果沒有增強物，學業成績是否仍會保持。起初當增強物停止
出現時，學業成績的確退步，但是當閱讀能力愈來愈加強時，即使停
止增強，仍不影響其表現，到最後，不管有沒有增強作用，兒童閱讀
能力皆一樣。不久之後，更發現兒童會用他們辛苦賺來的代幣換取閱
讀的權利。但是對算術及拼音則不願同樣花如此多的心血，因此，若
閱讀學得合宜，是可以符合自然增強的情境，但對其他科目則不見得，
或者說其他科目到目前為止，還沒有流利到可以在日常生活情境隨心
所欲的程度。的確也有人在數學方面的表現好像隨時可從自然情境中
得到增強，但是一般說來，他們多半是數學方面的佼佼者，我們通常
會認為他們之所以表現如此優秀，是因為他們已從數學本身得到增強，
而他們之所以會從其中得到增強，可能的原因則是他們本身具備數學
能力。套句專業術語來說，這些人對數學的駕馭能力在維持類化作用
之前即已存在。

要能使行為類化，真正需要的可能只是較好的教學方法。不妨試著使教
學方法更流暢，看是否需要進一步類化的協助。此處所指的流暢可能涵蓋以
下一部分或全部的特質：行為表現出現頻率和正確度都高、較快表現出來並
且有較明顯的反應。

示例：通常我們會要求那些在學校成績不太理想的同學養成舉手發問的習慣，

45

以得到老師的注意，並且讓老師檢查他們做完的功課。一般說來，這些行為，只有當他們認為自己的功課做得還不錯的時候，才會如此做，而老師所表現的自然反應無形中讚許並誇獎他們答對的部分，並指正錯誤且叫他們訂正。換句話說，那些經常以「良好功課表現」來吸引老師注意的兒童，不論在答對的比例及頻率皆有顯著改善，而這樣又使老師誇獎的比例增加很多倍。反之，如果兒童沒有採用這種方式來博得老師對他們良好表現的鼓勵，他們的功課表現會退步，相對的也較無法吸引老師的注意力。在這種情況下，老師理所當然應該是提供學生良好表現自然增強情境的最適當人選。但是如果沒有適當指引，很少老師能夠表現稱職。也就是說他們是沉睡中的自然情境，需要被喚醒。如果能醒過來的話，他們可以發揮極大的功能，而要喚醒也只需要當學生的功課做得不錯的時候，不斷地博取老師的注意力即可。

我們這方面的經驗和例子並不多，但是效果都很令人鼓舞。因此我們更需努力嘗試，在此提出兩點必須特別注意之事：

1. 小孩子們即使已經很熟悉如何運用博取注意與讚許的技巧，他們仍不大願意運用到老師身上。因為老師不能夠自然地運用，所以必須透過教室外的其他人士每天鼓勵他們使用這些技巧。如果真能做到這樣（其實很簡單），他們可以很有恆心有效地加以運用，你可能會以為這些技巧本身即可與自然增強情境相配合——即是前述激發學業成績的情境，或許有時確是如此，但至今研究結果仍無法考驗這種可能性，同時，也要有接受新教的自然增強情境的心理準備。

2. 如果矯枉過正，過度嘗試激發自然增強的情境，不但達不到預期效果，而且可能會激怒其他人反而造成自然情境的懲罰；另一個極端是，如果太少激發自然增強情境，很可能就發揮不了作用。事實上所謂「適當」與否要視問題的不同而異。因此實際運用時，通常典型的做法是首先要求老師估計學生反應到什麼程度會開始干擾到他，由此決定學生可以激發到什麼程度。像這種估計方式應該在任何情況下都加以估計，直到我

們有把握可以類化到什麼程度。請事先想清楚並斟酌你對這個方法的運用情形。

你想改變的行為可能可以符合自然的增強情境，但是或許是未能喚醒的自然情境，所以仍然需要類化。想想看你的學生可以用哪些反應來喚醒該情境。衡量一下，要有效達到目標而不致造成反效果，應該用什麼方式以及要到什麼程度，接著教學生適時適量地運用，以探討原先要改變的行為是否需要進一步協助其類化。

▶ 步驟五：教足夠的例子

當老師想造成行為改變效果時，最常犯的錯誤即是舉了一個例子，然後期望學生從這個例子就能類化。

示例：對一些重度智能不足者而言，老師若能夠早期訓練一些可類化的概念，以造成可類化的動作模仿，將是很好的一件事。所謂類化性的動作模仿是指我們可以向學生示範各種可能的動作反應，並且要求學生能很快且相當正確地加以模仿。大多數重度智能障礙者如果沒有特殊訓練是無法呈現這些技巧，而這種訓練又絕不可能只靠口頭解釋。訓練包括示範一項簡單的動作反應，接著帶領學生實際練習這項反應。通常老師所採用的整體策略是先教這類行為的一例，再次、再三地另舉些例子，相信遲早會產生類化的效果。你期望在呈現這些例子之後，當你再教學生另一新的反應時，不需要重複多次無謂的嘗試，學生即可模仿第一次的反應。的確這種現象是會產生，但是每一種練習之間仍會有所不同。最初幾次的示例可能要數百次到數千次的嘗試才可能大功告成，到最後可能只需要試一次就可以，因此整個教學將會延續很長的一段時間。教師示範類化概念的可貴之處，就在於所需要的練習類化次數的多寡，是十次或兩百次！過去有許多教師只希望嘗試小幅練習次數，不了解大幅練習有其特殊功用。到最後，在舉了二十或三十次的例子仍無法培養類化效果，就因此下結論認為重度智能障礙者根本不可能學會如此複雜精巧的動作技能。但是後來許多教師已有心

47

理準備花很長很長的一段時間舉許多的例子，終於成功地教導那些原本被認為只可能學會簡單行為改變的重度智能障礙者，學會類化良好的動作模仿技巧（之後甚至進展到類化的語言模仿）。當這些智能障礙者能夠類化動作模仿之後，若再予以適當的指導示範，加上些許支持性的增強作用，即可輕易地教會他們許多複雜的反應（如生活自理技能）。

　　如果行為改變的類化效果不如起初所預期的話，應該再教一次別的例子，不行的話再換例子，不行再換，因此老師應該事先準備一長串有關這方面的例子，大致按難易度排列，而且隨時做好要教的準備。

現在你可以開始類化了。

前面的原則指出為了配合所要教的課程，老師常常需要多準備一些例子以產生類化的行為改變，本篇不斷教你如何運用例子以產生類化效果，頭一次我們舉三個例子，第二次我們用了五個例子。這可表示我們亦是遵守這項原則。不過在接著說明很重要的一點時，我們只提供一個例子（告訴幫女孩推輪椅的那位先生，在女孩能夠類化她新學的走路技巧之前，他不能再幫她推輪椅）。而且從那之後，我們在每一點都只舉一個例子，為什麼呢？為的是加強你對類化原則的概念，因而不希望只提供許多類化的例子，也就是希望你能夠去體驗一下創造自己的例子的經驗。

- 從現在開始，不管你碰到任何一點的任何例子，試著從你本身的經驗、知識或想像來創造除了那點以外的例子。

- 不過，首先再回頭仔細研究每一點所舉的例子（均以示例兩字為首，並以黑體字呈現），再依你自己的經驗、知識與想像創造另一個不同的例子。

▶步驟六：選出最適合教的例子

如果你打算用最古老、最可靠、又最廣為運用的類化方式——即採用許多例子以達到類化效果的話，你勢必得準備很長一串的教學例子。問題是這種清單除非能做到剛開始時選的是較簡單的例子，較難的留到後面，以便增進學生的成功經驗，否則這一長串的例子都有可能只是東拼西湊、漫無章法。剛剛所提的方式是相當好的計策，但真的這樣做即是工作分析。請仔細考慮你想改變的行為其類化的整個結構，探討其構成要素有哪些，務必將這些要素都涵蓋在所舉的例子當中，並且盡可能早點表現出其特色。

示例：即使幾乎無法達到類化性模仿的智能障礙者，也幾乎照一般方式來教導。不同的是對他們所舉的例子剛開始時只侷限在手和手指的動作（如拍手、用手指物等）。教了許多手—手指模仿的例子之後，學生開始示範類化性的動作模仿，而這裡所指的類化是指從現在開始他們幾乎可以模仿做任何有關手—手指的新反應，但仍無法模仿任何全身或是發聲的反應。換言之，他們的行為是有類化，但只限於手—手指的模仿。接著他們開始學習一連串全身的模仿（從椅子上站起來，在房間裡走動等），在進行許多的示範練習後，他們可以更廣泛地類化。到此為止他們可以模仿新的全身性反應及手—手指反應，但仍無法模仿發聲反應。若要能夠對發聲反應舉一反三，必須接受許多有關發聲反應的練習。另有一些學生先學習全身性的反應，而非手—手指或發聲的反應，即使隨後教了手—手指反應，亦不可能類化到發聲反應，除非隨後再教。

示例：教養院內智能障礙的小孩用一系列穿衣技巧的例子來學習如何自己穿衣服。當他們學會穿內褲之後，不用再經過特殊的訓練，就可以自己穿上長褲，但仍不會穿衣服。他們訓練到會穿襪子之後，沒有任何特別訓練也可以穿鞋子，但仍無法自行穿上其他衣物。隨後當他們訓練到會穿有袖子的襯衫以及扣釦子時，他們也會穿上有袖子及無袖的夾克，但仍不會穿有袖或無袖的套頭衣服。最後當他們學會穿無袖的套

頭衣服之後,不需特殊訓練,即可穿有袖的套頭衣服,也因此能夠自己穿衣服(以教養院的標準而言)。

上述的教養院內智障兒童現在會自己穿衣服,不過上述所有的訓練都是由一位工作人員負責,院童只會聽他的指示,換了另一個工作人員就一切無效。第二位工作人員,一位女士,開始重複第一位的訓練步驟,接下來進展得很快,開始訓練沒多久,這些院童不管是在哪一位工作人員的指示下都能自行穿衣,最後不管新來的工作人員是男性或女性,也都可以在其指示下自行穿衣。

當你要用一連串例子來教導可類化的行為改變時,選一些合乎類化目的、刺激與情境的例子為代表。除非訓練中呈現這些例子,否則訓練的效果可能無法類化。

通常我們所教的內容就是我們希望學習者能夠表現給別人看的行為,雖然他們改變了某些行為,但往往只有在教的人面前才會表現出這些行為,在其他人面前又故態復萌。正因為我們希望行為能類化到不同的人身上,因此所舉的一連串例子就應該是有關「人」的例子,由於在教這一課時,老師是學生唯一的示範人物,因此我們需要更多的老師,其目的不是在教這一課,而是求其類化。

示例:有位小男孩給人的印象是不友善,甚至很有敵意,因為他從未對別人做出任何親切有禮的反應。有位大人教他微笑,他開始對這大人笑,但對其他人仍是不友善。在發現小孩的微笑並沒有類化之後,由另五位大人輪流教他分別對他們微笑。這次的教學進展得很快。教完之後,這男孩開始對每位他所碰到的人微笑,而且這行為一直持續著(當然很可能是他的微笑也碰到許多自然增強的情境)。

所以,類化原則包括經常教導可以代表我們想要類化特質的成功例子。以上即為這個原則的一個很小、但很有用的特殊例子。

當行為改變需要對不同的人做類化時,一定要預備更多的教師。

必要的話，找第二位、第三位、甚至第四位老師，直到學生不但學到這門課而且能類化到每一個人為止。

從許多研究與經驗發現有許多令人欣喜的結果，亦即事實上幾乎只要兩位老師就足夠產生很棒的類化效果。

▶步驟七：同時教數個例子

通常當我們在教學生一項很難學的行為時，我們都很小心地一次教一個例子。我們直覺認為如果一次教許多課，對那些學得很慢的學生來說會讓他更混亂。不過經由一些相當可靠的研究結果指出，學習的速度不管多慢，如果能同時教很多課的話，所產生的類化效果會很快。

示例：教養院內幾乎沒有語言能力的智能障礙兒童要接受語言訓練，但是因為孩子們語音模仿技巧非常差，所以訓練絲毫沒有進展。因此將原訂的語言訓練計畫改為改善其語音模仿。有時候語音模仿訓練是教學生一次模仿一種新的發音方式，共模仿三種。每一種方式都要學到幾乎完全模仿成功了才再學習下一種。三種都學到了之後，再測驗學生模仿新音的能力是否有所改進。再者，有時候也可以同時教三種語音模仿的方式。進行方式是針對一種方式舉一或兩個教學示例，接著對第二種方式再進行一兩個練習，再進行第三個。這種隨機抽樣的方式一直進行到所有三種發聲行為已完全模仿，接著再測驗學生模仿新音的能力是否有改善。結果發現同時學三種行為的兒童，語音模仿類化的程度比分次學習者良好（這些小孩學會新的語音模仿技巧之後，可依此再回過頭來進行語言訓練計畫，並有顯著的進步）。很意外的是，一般說來，同時訓練所花的時間比分次訓練的時間還經濟。在訓練過程中主要的困難不是訓練次數分次或同時，而是有些音很難發。

我們有足夠的經驗指出，針對許多不同的行為改變問題，同時教多一點的例子比較能事半功倍。但是我們沒有把握說一次教三個比一次教兩個或一個例子來得有效。我們只能說教一些——但這仍是未定之數。這必須由你自

已去找尋答案。前述所提的考慮一即已指出你應該知道該怎麼做。請再重讀一遍並認真考慮這個問題。

> 當你在用有代表性的一連串例子教導你所要的類化概念時，試著同時呈現一些例子，而不要一次只提一個例子。不妨衡量一下用這種方式所達到的類化效果是否更符合經濟效益。

變化多端地教？

我們把最後這幾項技巧做個摘要：

你如果無法全盤教導你希望對方學到的行為，必須教有關這方面行為的例子。你可能需要呈現出最後類化所需的所有層面，再者你可能試著同時呈現出一些例子，而不是一個一個輪著來。如此可能可以節省時間而且可以進一步地類化。這樣看起來好像是很鬆散地運用技巧，但事實上，這可能就是一種類化功能的有效發揮。

如果你能將這些原則整理得很合乎邏輯，你將可理解下列步驟的模式。

不管你在教什麼：

- 找兩位以上的老師。

- 在兩個以上的地方教。

- 從不同的位置來教，有時在學生面前、有時在學生旁邊、有時站在後面，有時坐著、有時站著、有時蹲在學生旁邊。

- 變化你的語音語調。

- 改變用字遣詞。

- 從不同的角度呈現刺激，有時用一手，有時換另一手。

- 請一些人在某時間出現，但不要在其他時間出現。

- 常常穿不同的服裝。

- 變化增強物。

- 有時在強烈的光線下教，有時在昏暗的光線下教。

- 有時在吵雜的情境下教，有時在安靜的場合下教。

- 不管在任何場地，改變布置、改變家具，並改變其擺設位置。

- 變換你及其他人教課的時間。

- 改變教學場所的溫度。

- 改變教學場所的味道。

- 在可能的情形下變換所要教的內容。

- 盡可能出其不意且頻繁地做以上這些事。

到現在為止還沒有人做到如此極端，但是經驗告訴我們，如果能儘量朝這個方向努力的話，會有較理想的結果。另有一些經驗指出自閉症兒童以及「極度刺激選擇」的兒童亦可用此方法改善其過度選擇的現象，較能類化。因此上述所呈現的極端例子只是告訴我們可以極端到什麼程度，而不是馬上要你全部兌現。

　　請謹記變化多端教學的道理。如果你碰到有關類化的問題，考慮變化你的教學技巧。

▶步驟八：製造一些常見的刺激

談到行為改變時，很難不提「控制刺激」這個問題（這也是本篇的主題），因為這也就是行為改變的精華。如果在塑造行為改變的過程中固定出現任何刺激，這些刺激很可能會控制行為的改變。這時刺激出現，會造成改變；反之，則看不到改變。變化教學的要點就是在行為塑造的過程中，使許多刺激出現，其理由如下：

1. 沒有哪一種刺激應該變成控制行為改變獨一無二的力量來源，不管它多麼微小，而且如果其他情境未出現想要改變的行為，就不會類化至那些情境。

53

2. 不論任何類化情境中，都應該會有教學情境中所出現的刺激，因此這些刺激即可促進類化的效果。

由以上兩點可歸納出有一些刺激非常重要，不論在教學情境或其他類化情境都有可能會出現。因此在實際運用時可注意兩要點，一是確定這個刺激對學生而言一定很重要，另一個則是這個刺激可以隨時依類化情境所需而出現。

示例：某一個日間托兒中心每天讓兒童有兩段遊戲時間。每玩完一段時間後，老師們會要求小朋友把他們剛剛玩過的玩具放回自己的架子上。每次在第一段時間之後，老師都會在場幫小朋友把玩具收好，但是第二段時間之後，老師都剛好在忙別的事，所以小朋友得靠自己完成這項任務。而事實上小朋友們並沒有做好物歸原位的工作，老師們也發現第一階段時，大部分也是他們在清理，而第二階段之後，因為小朋友並沒有善盡職責，所以仍得由他們來收拾殘局。在分析過這些情況之後，老師們發現問題可能出在第一階段玩完後，他們把注意力都集中在沒放回原位的小朋友身上，而不是在「如何幫忙」的動作下，因此他們把順序顛倒過來，不去理會那些沒放回原位的小朋友，相反的去稱讚會放回原處的小朋友，而且在每天每一階段之後很迅速有效地示範如何物歸原位並清掃乾淨。不過這些行為改變並沒有類化到第二階段的遊戲時間，當老師不在場時，小朋友仍然我行我素，玩具散了滿地。這時老師在每天的第一階段時帶來一台錄音機，錄音帶的內容是每隔大約十至二十秒之後，發出很大一聲的音調。這些小朋友當然會很好奇地問老師這些音是什麼意思，老師接著回答，「這些音調是告訴我們要把東西收好」。每當一個聲音出現，老師會誇獎每一位當時有幫忙清理的小朋友，有這些經驗之後，老師採取不定時誇獎的方式，亦即只有誇獎某些特定音調出現時，正在清理的小朋友，不會每個音調出現時都誇獎，更不會在沒有音調出現時也誇獎。照這樣實施之後，小朋友在第一個階段遊戲時間後都能夠收拾得很好，同樣地，在第二階段時仍是故態復萌不加整理。但是，有一天當第二階段遊戲時間結

束後，一位老師把錄音機帶到遊戲間去打開，然後她自己去別的房間做別的事，當錄音機放出有音調的聲音時，雖然老師不在場，小朋友仍然馬上開始清理。此後每天都是如此，錄音機放著，即使老師離開，小朋友亦能各盡其職，這是因為有這麼一個和他們教學及類化情境一樣重要的「功能性刺激物」。換言之，老師促使這項刺激物變得很重要（成為目標行為以及誇獎目標行為的有力線索）；而且他們也使這刺激物變得很普遍化。

當行為改變無法從教學情境類化到其他預期出現的情境時，設法在訓練情境中製造一種功能性的刺激物，以便可以輕易地轉移到要類化的情境。

某些刺激物比其他刺激物更能發揮效果。

示例：一位老師正在教一位閱讀能力落後班上同學很多的一年級小男生字彙卡。為了不讓班上同學因為教材太簡單而不耐煩，或更讓這小男生顯得嚴重落後，老師安排一對一的方式個別教他。這小男生在個別情境下可以很輕易地就學會這些字彙，但是一回到班上又好像一竅不通。之後老師請班上另一位小朋友加入他們一對一的個別情境中幫助教學，這位小朋友即變成小老師。那位小朋友後來不管在私底下或全班都在的場合，只要小老師在場，他的字彙能力就有改善。此例中的小老師對個別或全體的情境來說，都是很重要的一種功能性刺激物。

錄音機發出音調的效果不錯，便宜、容易製作、容易變得重要，也很便於攜帶。不過人的效果更好，可自由移動、現成的、可以很輕易變得很重要！在類化情境中更可能隨時出現，否則自己也可以移動位置。除此之外，更重要的是他們很有趣，有人性，他們所處的自然增強情境對行為改變有實質作用，亦能使要改變的行為更精進並能維持。

當你在選擇一個既適用於教學情境、又合於社會性類化情境的刺激物時，請考慮「人」，尤其是小老師的角色。

55

▶步驟九：延宕增強

通常有一種刺激——亦即教學過程中所用的增強物——對整個教學情境來說非常重要，但卻不一定會出現在教學情境中。若是類化中缺乏這種增強物，可能就沒辦法達到類化的效果。有什麼比較理想的辦法，使目標行為在類化情境中即使缺乏增強物，亦能達到增強的效果呢？有一個很可行的解決方式即是在訓練情境中發展一套不定時增強計畫，使類化情境中即使沒有增強物，當事者亦能習以為常，不受影響。這套方式雖然屢能奏效，但仍有些先天限制因而偶爾會不靈。除非妥善安排，小心進行，否則這種不定時的間歇性增強有時會造成極少的增強行為出現。因此，這技巧可能可以提供你良好的類化效果；但因有這些限制，因此你可能不會將其視為解決上述問題的最佳策略。

另外一個方式即是延宕增強物在訓練情境中出現的時間。不過延宕增強通常不是很有效的增強方式，尤其在剛開始訓練新技巧的時候。然而在維持已建立起來的技巧時，延宕增強倒是很有效，而且在維持類化已建立起來的行為時更為有用。

示例：在一所幼稚園內，有一位小男生在兩段遊戲時間內和所有男生都玩得非常融洽，但卻幾乎不曾跟任何女生說過話。他的老師已經告訴過他應該跟男生女生一起玩，已跟他解釋過為什麼，也鼓勵他這麼做，但收效不大。因此她告訴這男孩要開始觀察並記錄他每天總共跟女孩子說幾次話或玩幾次，如果到放學前他達到了多少次，她會讓他在每天放學前，自己選擇喜歡的一個玩具或一張貼紙，老師知道這些增強物對這小男生而言非常管用。如果達不到預定的次數，放學前老師會告訴這位小男生，而且他就拿不到任何獎品。事實上，老師可以只就第一階段的遊戲時間來計算這小男生和所有女孩的互動次數。第二階段的行為老師全部不記（雖然這兩個階段都有觀察員記錄，但仍不把結果告訴老師），因此這老師只能憑小男孩第一階段的行為表現來給予或撤回增強，但是她必須在兩段遊戲時間都結束之後才採取適當的行

動（給或撤回增強）。

結果發現即使到後來不管小男孩的行為能否在最後得到增強物，他和女孩子互動的情形可以類化到第二階段的遊戲時間。隨後再進行另一個實驗，老師將跟小男孩碰面或撤回增強的時間改到第一階段遊戲時間結束後（這時他的行為仍然會影響到增強物），且在第二階段開始之前（這時顯然無法影響增強物），結果發現已類化的行為（即在第二階段仍跟女孩玩）馬上中止。但是稍後再回復到原來的方式，即在第二階段後再採取行動又達到效果（到最後，跟女生玩的行為加上自然增強情境的配合自然形成，不再需要任何延宕或立即性的增強均可維持）。

假使某項已建立起來的行為改變無法從教學情境類化到其他情境的話，試著將提供增強物的時間，延宕到這行為在其他情境出現之後才給。向學習者說明重點是在行為本身，不是在什麼時間給予增強。

▶步驟十：嘗試自我檢查及口語冥想

如果真的能做到讓增強物延宕到行為出現在類化情境之後，再告訴學生他的行為表現有沒有得到增強，為什麼不試著讓學生自己來告訴你？這表示學生必須成為自己的觀察員，必須自行觀察、記憶或記錄，並向老師正確地報告自己的行為。如果在類化情境中表現良好，老師會提供獎勵，反之則不給。像這樣的方式，不再是老師看學生的表現而決定在什麼情境下給予增強，完全變成由學生針對自己在類化情境中的自我報告而定。換句話說，給予增強的情境將不只限於訓練情境或類化情境，而是隨時都可以給，正因為是隨時由學生自己觀察，這若換成別人均不太可能。這步驟最重要的關鍵，是讓學生能正確無誤地報告自己的行為，其次就是讓學生了解到，不管是不小心記錯了或是有意欺騙，只要他們的報告有誤，老師一定會查出真相。也許剛開始時，老師要花一段時間不斷讓學生體認到老師確實可以這麼厲害，即使不在場也能知道實際情況，但是一旦建立起這份認識，學生真實的自我報告

即有可能成為另一種可靠的行為改變，因而可成為相當有效的類化技巧。

示例： 幼稚園的小朋友被期望能夠在每天沒有老師指導的美勞時間和其他小朋友共用美勞材料。事實上他們不但不能共用，反而會彼此競爭、自己私藏，有時還為此打架爭執。一位老師告訴他們一定要跟別人一起用，而且也教他們要怎麼共用，但是等老師一走開，他們隨即停止共用，馬上又回到「戰國時代」。老師隨後告訴小朋友以後在上完美勞課之後老師會過來，而且會一個一個問每位小朋友有沒有跟別的小朋友共用、是跟誰一起用。對那些誠實回答且達到預期次數的小朋友，給他們所喜歡的增強物，其他沒達到的就不給。對那些報告不正確的學生，用以下的話拒絕他們：「不過你真的沒跟那麼多小朋友一起用，對不對？」也就是給予報告正確且達到標準的小朋友增強；給予報告正確但未達標準的小朋友鼓勵，謝謝他們的報告，但不給任何東西（事實上老師在跟小朋友見面前，已經觀察過，錄影並記錄下來小朋友共用材料的有關行為資料）。很快地，小朋友會開始誠實地報告，同時他們也普遍地跟每一位小朋友共用材料，因為只有這樣他們稍後的報告才可能正確且合乎標準。在這種情況下，唯一得到增強的行為是報告本身，而不是共用共享的行為，而且也只有真實的報告才可能得到。因此例中的共用共享是屬於直接教學的類化行為，此處的直接教學指的是教學生如何正確地報告共用共享情形（最後這種分享的行為也能與自然增強情境相配合，不再需要正確報告的增強）。

示例： 一位體重過重的丈夫請他太太幫他減肥。他的目標是在工作時間內完全不吃點心（他在家吃的飯量不會造成肥胖）。他太太幫他在手腕上戴著高爾夫球員的計數錶，以便在工作期間內記載他抗拒「想吃點心」念頭的次數。這種念頭是內在的，只有自己才能計算。當他下班回家時可告訴太太他腕錶上呈現的抗拒成功次數，這時他太太會表現得很驕傲、讚許與欣喜。如果他的成績不佳，她只輕描淡寫地告訴他不管他肥或瘦，她仍然愛他，接著就轉移話題。就這樣他的成績愈來愈好，體重也直線下降。最後抗拒次數雖然愈來愈少，但他的體重仍維持得

很好。他的說法是因為現在上班時間也很少會想到要吃東西，所以抗拒的次數自然減少。當一個朋友問到他如何減肥成功時，他歸功於每次告訴他太太優良紀錄時，他太太的欣喜表情令他有動機維持下去，他朋友問他為什麼不乾脆跟他太太謊稱在辦公室內都抗拒成功，但卻仍然吃點心，他回答道雖然他太太絕不可能估計得出來他所說次數是否在說謊，但長久下來由他體重是否增加、減輕或保持，一定瞞不了別人，到那時她就會知道他的報告是否是誠實的了。自此以後他一直保持得很苗條。

我們很少有將自我檢查與口語冥想混合一起運用以達類化性行為改變的經驗，但是曾經有的一些經驗卻相當令人滿意。

> 試著使學生成為自我觀察者，當他的行為改變確如預期，且是真實報告的話，請給予增強。除非你能肯定你只會增強真實的報告，否則不可用此技巧。

本篇的最佳結語即是請讀者再重看一次「找出自然的增強情境」這一小節。那是本篇的菁華。有趣的是，這並不符合本篇「類化」的定義，它算是增強的技巧之一，而類化的定義，通常是指使未增強過的行為由於其他直接增強過行為的影響而改變。請再仔細閱讀前面一些考慮要項中的考慮三，以提醒你我們是在處理日常生活裡的實際類化問題，而不是一成不變依教科書的定義在做。我們一直依此想法在落實類化的實際意義，成果也相當良好，因此也鼓勵你以此心態來看類化。因此，請再讀一次考慮三，且再看一次「找出自然的增強情境」這一小節。

延伸閱讀

Axelrod, S., & Hall, R. V. (1999). *Behavior Modification: Basic Principles.* Austin, TX: PRO-ED.

Catania, A. C. (1984). *Learning.* Englewood Cliffs, NJ: Prentice-Hall.

Hall, R. V. & Van Houten, R. (1983). *Behavior Modification: The Measurement of Behavior.* Austin, TX: PRO-ED.

Holman, J., and Baer, D. M. (1979). Facilitating generalization of on-task behavior through self-monitoring of academic tasks. *Journal of Autism and Developmental Disorders, 9*(4), 429–446.

Stokes, T. F., & Baer, D. M. (1977). An implicit technology of generalization. *Journal of Applied Behavior Analysis, 10,* 349–367.

Stokes, T. F., Fowler, S. A., & Baer, D. M. (1978). Training preshcool children to recruit natural communities of reinforcement. *Journal of Applied Behavior Analysis, 11,* 285–303.

如何與孩子約法三章？

——行為契約法的應用

R. V. Hall & M. L. Hall◎著
周天賜◎譯

引言

　　本篇是為父母、教師、幼兒保育人員、心理輔導員、特殊班教師、雇主、已婚人士、及其他想要協商行為契約的人所寫的。本篇的設計在輔導員或熟知適當使用行為契約的其他專業人士指導下使用，主要在介紹訂立行為契約（behavioral contract）的技術。格式在使指導者檢視讀者所填資料，運用回饋確定讀者對行為契約的了解與使用是否適當。

　　每天我們在與他人互動時，會有心或無心地使用一些行為契約、某種形式的協商。有時是非正式的安排，有時是正式的。按照本篇的說明，適當使用經協商的契約，雙方有機會討論並建議替代行為或獎勵。如果真誠執行協商，雙方在簽約時將感到正面積極，知道它是公平的，並且有興趣看到契約使大家的行為達到預期的改變。

　　任何人想要改變別人的行為，並願意讓與某些事物做回報，可使用本章撰寫契約以確定能清楚定義希望改變的行為，以及明白解說這些行為如預期改變後的獎勵（包括獎勵方式）。如此，訂約雙方沒有誤會並且對大家有益。

　　在許多情況，行為契約已非正式地使用了很長的一段時間。最近，

它才較有結構系統地應用在家庭、職場、學校裡，以改變不同的行為。

行為契約對青少年特別有用。當青少年的父母發現隔離及忽視法等經使用無效後，可嘗試使用行為契約法。一般而言，隔離對十二歲以上的孩子效果有限，而行為契約法對較大的青少年及成年人特別有用。

適當實施行為契約法，可避免道德爭議，有時可與其他強有力的行為改變法並用。如果經適當協商，行為契約可提供個案知情同意，結果是所有有關情境的改善。另外一個優點是：在開始實行時個案無法自我控制，行為契約法提供了外控的力量，最後導致能自我控制。自我控制應是實施行為契約法的最終目的。理想上，方案開始於個案無法控制行為，並且常是不和諧及爭鬥的源頭。克服的第一步，藉簽行為契約提供適量的外力控制，才能達到控制行為的目的。如果契約經適當協商，外力可有些影響。經相當時間，契約的執行由外力控制轉為共同控制，意即雙方平等分擔控制或責任。最後，個案開始管理自己的行為，同時開始褪除契約，漸由自然及社會增強物維持行為。如果是這樣，個案不但可以控制原先的問題行為，而且也可控制新行為的發生。

何謂行為契約

以非正式的態度要求行為並提供事後增強，是最容易且自然的事。在家裡、學校、職場等的大多數互動，你不需要停下來想：「唉呀！現在是增強時間了！」或者「啊！我現在最好稱讚這行為！」有些增強的給予是種習慣。然而，有時，對行為表現非正式地提供稱讚及其他事後增強是無效的。如果，你特別關心某一特定行為，而且你非正式的努力無法改善情況，就需要建立一有結構的隨因增強系統。尤其是你已嘗試過其他管理技術，更顯得這種需要的迫切。

有結構的隨因增強系統有助於你思考，對每一個案清楚地定義欲改變的行為，及針對這些行為的獎賞（含給予的時機與方式）。

行為契約是雙方（父母與子女、先生與太太、雇主與雇員、老師與學生等）兩人或多人間的同意書，列出雙方擬表現的特定行為，及其事後增強。

　　若經適當協商，行為契約包含明確的特定行為及獎賞。契約的目的在系統地安排增強物，以兌換兩人或多人擬達成的目標。因此，契約不需太長及太詳細，愈簡潔愈好。事實上，行為契約是一則正式的「祖母法則」；祖母常說：「乖孫！如果你把菜吃完，你就可以吃餅乾或出去玩！」基本上，祖母法則敘述：「如果你先做完某些事物，然後你就可以得到你想要的」。

▲你曾運用過「祖母法則」嗎？

什麼時候用？如何運用的？＿＿＿＿＿＿＿＿＿＿＿＿＿＿＿＿＿＿＿

＿＿＿＿＿＿＿＿＿＿＿＿＿＿＿＿＿＿＿＿＿＿＿＿＿＿＿＿＿＿＿＿

行為契約的例子

在家中

　　王太太對她那十六歲的兒子士東愈來愈生氣，因為他的臥室永遠是亂七八糟，像難民區一樣；他幾乎不肯整理床，也不肯把衣服好好地收到衣櫃，或把髒衣服丟到洗衣槽裡。而士東也很煩母親一天到晚嘮嘮叨叨的，且不肯乾脆地把零用錢給他。於是，他們終於不可避免地爆發了幾次口角。

　　後來，王太太逼不得已，只好與士東協商，訂立書面契約，契約上寫明：如果士東可以在星期一到星期五每天都整理床鋪，且把衣服都放在適當的位置，母親就同意每週嘮叨的次數不超過兩次，而且士東每週可有五百元的零用錢可用。經由協商後，雙方都滿意且不再發生口角。王太太覺得不再有嘮嘮叨叨的必要，士東也很高興每週有固定的零用錢可用。

在學校

　　麗麗常常無法按時交數學作業，她對數學功課也是有一搭沒一搭地不認

真。後來，吳老師到班上教數學以後，一切都改變了。麗麗發現，吳老師很有辦法地和全班同學訂立了書面契約：如果班上每位同學每週都能按時交出五分之四以上的規定作業，在星期五最後一堂課，全班同學可以自由選聽喜歡的音樂及閒聊二十分鐘。從那時起，包括麗麗在內，班上每一位同學都努力地按時繳交作業；麗麗的數學成績因此進步了。包括吳老師在內，全班無不渴望每週最後一節二十分鐘的來到。

在職場

　　錢老闆曾要求餐廳服務生，要記得向客人推銷酒來佐餐，但成效不大。後來，錢老闆給這些服務生書面承諾：如果餐廳的酒銷售量能增加25%，則他會給他們5%的紅利；如果再增加50%的銷售量，則他們會有10%的紅利。結果，很快地餐廳酒的銷售量幾乎增加到100%了！

在婚姻

　　李先生和李太太對彼此的婚姻感到困惑，而尋求婚姻諮商員的協助。李先生抱怨太太不肯按時地準備三餐；而李太太抱怨先生忙得沒有時間一同參加社交生活。在婚姻諮商員的建議下，他們訂了一系列的契約。其中一條是：如果李太太每天能在下午六點到六點十五分之間開飯，那麼在週末夜，她可以選擇他們一同出去吃一頓飯、看一場電影、拜訪朋友等。當他們協商行為契約後，不論書面的或非正式的，雙方都說婚姻關係已改善，不再需要找婚姻諮商了。

　　上面的例子說明行為契約（又稱隨因增強契約）在不同情境的運用。契約可用來替代吼叫、吵架、打架等行為。訂立行為契約時要具體敘述：要改變誰的哪些行為、誰將提供事後增強物。上述每一個案，所有簽署行為契約的雙方都有所收穫。

請說明什麼是行為契約，及它的功用。

▲行為契約是：＿＿＿＿＿＿＿＿＿＿＿＿＿＿＿＿＿＿＿＿＿＿

＿＿＿＿＿＿＿＿＿＿＿＿＿＿＿＿＿＿＿＿＿＿＿＿＿＿＿＿＿＿

▲行為契約的功用：＿＿＿＿＿＿＿＿＿＿＿＿＿＿＿＿＿＿＿＿

＿＿＿＿＿＿＿＿＿＿＿＿＿＿＿＿＿＿＿＿＿＿＿＿＿＿＿＿＿＿

如果你說行為契約是兩人或多人間的書面協定，上面約定該有哪些行為表現及結果會有哪些獎賞或事後增強物，那就對了。行為契約將行為與增強物的兌換形式化。

現在讓我們進一步了解如何寫一份好的行為契約。

 ## 訂立行為契約的基本原則

由上面的定義及例子，寫一份行為契約似乎頗為簡單；但要寫一份好的並不容易。目前你已知道行為契約的意義與方法，若要寫一份有效的行為契約，仍需遵守下列基本原則。

▶原則一：選定的目標行為具有社會上及教育上的重要性

選定要改變或養成的行為應是雙方都認為重要的或關心的。行為契約需要相當功夫去撰寫、檢視及執行；因此，所選定的目標行為必須是值得努力的。

要選定重要行為的方法有很多種。有時，我們關心某些行為，就毫無疑義選定它；有時，要選定一行為需費盡心思。若有許多行為是我們關心的，要選定其中之一來改變，則需要把這些工作或行為一一列出供選擇。

步驟 1。選擇行為時，雙方要將彼此認為重要的行為一一列出，寫成一個清單。在家庭會議或公司會議中，請參與的成員列出他們關心的行為。首先，雙方要列出對方的好行為。例如，王太太寫下她認為士東的好行為，士

東也寫下媽媽的好行為。

士東的好行為：

1. 每個星期都打掃庭院。

2. 儀容整潔。

3. 在學校有好成績。

4. 善待弟弟。

5. 自動倒垃圾沒有怨言。

6. 小心騎車。

7. 準時回家，有事耽擱會先打電話回家。

8. 能自己賺零用錢。

媽媽的好行為：

1. 每天都按時開飯。

2. 每天都洗衣服及把衣服燙得筆挺。

3. 外出工作幫忙家計。

4. 義大利麵做得棒極了。

5. 打掃房子並保持整潔。

6. 為汽車加油。

7. 常帶小弟去練習足球。

8. 澆花。

9. 看士東打棒球。

10. 上市場購買全家用品。

　　步驟 2。接下來，雙方要列出一些認為對方還可以再改進的行為清單。

媽媽認為士東應可再改進的是：

1. 每天整理床鋪。

2. 多幫忙洗碗筷。

3. 將乾淨的衣服放到抽屜或衣櫃裡。

4. 把髒衣服放到洗衣槽去。

5. 不要把書丟在客廳。

6. 使用汽車時要注意油箱是否空了。

7. 如果媽媽晚歸，可以幫忙先洗米煮飯。

8. 晚飯後，音響不要開太大聲。

士東認為媽媽可以再改進的是：

1. 不要常常為小事嘮嘮叨叨的。

2. 對士東做得不錯的事，應多予欣賞及鼓勵。

3. 不要用電話聊天太久。

4. 常做運動。

5. 常做一些可口的點心，例如香蕉奶油派。

6. 洗完澡後要梳頭髮。

　　在列述這些行為清單時必須具體明確。例如，以「準時回家，有事耽擱會先打電話回家」代替「不需提醒」；以「將乾淨的衣服放到抽屜或衣櫃裡」代替「亂七八糟」。

　　所以，在士東希望媽媽還可以再改進的行為清單中的第四項，可以用「每

週散步或慢跑三次，每次兩千公尺」來代替「常做運動」。

▲如果你現在想和某人訂立行為契約，先寫下你認為他做得不錯的行為（記住，必須具體）。

做得不錯的行為：

1. _____
2. _____
3. _____
4. _____
5. _____
6. _____

接著，你再列出對方可以改進的行為（記住，寫下你希望對方表現的行為，而不是你不喜歡的行為）。

應該改進的行為：

1. _____
2. _____
3. _____
4. _____
5. _____
6. _____

下面一些問題，可以協助你判斷你所列出來的行為是否的確是重要的。

1. 如果對方做到了，整個情況會因此更好嗎？

2. 這個行為對方做得來嗎？

3. 這是一個常人可以做到的行為嗎？

好，現在對換角色。你自己要表現或改變哪些行為，以交換對方的改變？

我認為自己做得不錯的行為：

1. _____

2. _____

3. _____

4. _____

5. _____

6. _____

我認為自己應該改進的行為：

1. _____

2. _____

3. _____

4. _____

5. _____

6. _____

▶**原則二：只能選定一個或少數幾個同一領域的目標行為**

▲在你上面列出的行為清單中，為對方選定一個目標行為簽訂行為契約，並
寫在下面：_____

_____

▶原則三：列出一些有意義且公平的增強物清單

就如同列出上述行為清單的原因一樣，你要列出一些獎賞物清單。基本上，可要求對方協助列出；否則，你列出的增強物可能是不適當的。

在上述的例子，士東和他媽媽列出的增強物清單是：

1. 晚餐後聽音響。

2. 看電影。

3. 駕駛汽車。

4. 舉辦舞會。

5. 可以晚歸。

6. 給固定的零用錢。

7. 去看職業球賽。

8. 媽媽以稱讚代替嘮叨。

有位公司經理為他的秘書列出的獎賞物清單是：

1. 提早午餐休息。

2. 提早下午茶休息。

3. 提供免費咖啡。

4. 選擇喜歡的電腦文書。

5. 選擇喜歡的工作空間。

6. 推薦為月表現最佳人選。

7. 寫推薦函。

8. 加薪。

9. 額外休假。

有許多事後增強物可用來改變行為,例如,玩具、書籍、衣服、金錢等。也可以是特權及活動,例如,看一場電影或去餐館吃一頓。也可以是社交活動,例如,和父母單獨相處的時間、太太及先生每晚睡前十分鐘的貼心話等。在辦公室可以是特權、讚譽、物質等獎賞物。如果你在找有效的增強物有困難,請參閱第一冊第二篇「如何適當地給孩子甜頭?──增強物的應用」。

▲列出對方可能在乎的增強物清單:

1. _____

2. _____

3. _____

4. _____

5. _____

6. _____

7. _____

▶**原則四:寫出行為契約且簽字認可**

口頭契約不夠具體明確,且未簽字認可,易於誤會或誤解。

▶**原則五:行為契約要以正向用語敘述**

寫明你期待出現的行為,而非不要的行為。例如,「培利會在離開辦公室前列出今天的所有銷貨量」優於「培利在離開辦公室前並未列出今天的所有銷貨量」;又如,「如果小強的自然科得乙或乙以上的成績」優於「如果小強的自然科未得乙的成績」。

換言之,我們必須運用祖母法則。當觀察到期待的行為,則給予增強。

▲下面是一些敘述行為的正向用語。如果你認為是正向的，就在每項敘述下面的答案欄寫一個「對」，如果是負向的，則予以改寫。

例如：小傑不肯倒垃圾。

改寫：小傑在每天下午六點三十分前會倒垃圾。

1. 如果小珊不能在晚上九點前做完功課⋯⋯

_____

2. 在鈴聲響四次前，石先生會拿起電話回答。

_____

3. 阿德必須停止打同學及叫人綽號。

_____

4. 在每週六下午四點三十前，小喬會將院子打掃乾淨。

_____

5. 阿達不再在吃午餐時插隊。

_____

如果你在第二題及第四題寫「對」，其他題予以改寫，你就對了。

▶原則六：行為契約裡對行為及結果的敘述必須具體

　　必須包含下列資訊：

行為	行為結果
誰（表現該行為的人）	誰（提供增強物的人）
什麼行為（具體行為）	什麼行為（這增強物是）
什麼時候（行為將發生）	什麼時候（將提供增強物）
多少（包含所有期待）	多少（還可列出會持續多久、期待、替代增強物）

▲試以下面空白的行為契約格式，寫下你與對方訂立契約時的具體敘述。

行為	行為結果
誰＿＿＿＿＿＿＿＿＿＿＿＿	誰＿＿＿＿＿＿＿＿＿＿＿＿
什麼行為＿＿＿＿＿＿＿＿	什麼行為＿＿＿＿＿＿＿＿
什麼時候＿＿＿＿＿＿＿＿	什麼時候＿＿＿＿＿＿＿＿
期待＿＿＿＿＿＿＿＿＿＿	期待＿＿＿＿＿＿＿＿＿＿

▶原則七：行為契約要有明確的開始及終止時間

　　大多契約是在雙方簽字時開始生效，而在契約載明的期限終止。在契約期限終止時，雙方可以再協商，漸次褪除。注意下列契約樣本提供的明確起迄日期。

　　下面是吳老師和麗麗班上同學所簽訂的行為契約。

行為契約	
行為	行為結果
誰：全班的同學	誰：吳麗君
什麼行為：按時繳交數學作業。	什麼行為：全班同學可以一起聽音樂、閒談。
什麼時候：在下次上數學課之前繳交。	什麼時候：每週五的最後一堂課。
期待：全班同學都必須至少完成所有作業的五分之四。	期待：自由活動，但不要吵到別班上課。
簽名：　如下列　　日期：九月八日	簽名：　吳麗君　　日期：九月九日

劃記	
麗麗	卌
小傑	卌
小華	卌
小明	卌
小珊	III
小田	卌

在班級契約中，吳老師及班上所有的同學都簽了字。然後，把它貼在教室前面的佈告欄，讓每位同學都看得到。每個人的繳交紀錄都一一地以劃記的方式記錄下來，如此，班上每位同學都可以一目了然，到底誰交了誰未交作業。這種契約格式可以用一整學期，且提供該行為的紀錄。

下面的樣本是李先生及李太太藉由婚姻諮商專家的協助，所訂立出來的一系列行為契約中的一個。同樣的，這個樣本中也提供該行為的紀錄。

<table>
<tr><td colspan="2" align="center">行為契約</td></tr>
<tr><td align="center">行為</td><td align="center">後果</td></tr>
<tr><td>誰：<u>王雅惠</u></td><td>誰：<u>李健民</u></td></tr>
<tr><td>什麼行為：<u>讓健民喝啤酒、看報紙，不打擾他。</u></td><td>什麼行為：<u>每天下班於下午五點十五分前到家，晚餐時要和雅惠聊天。</u></td></tr>
<tr><td>什麼時候：<u>回家後晚餐前。</u></td><td>什麼時候：<u>除特別約定外，每天都必須如此。</u></td></tr>
<tr><td>期待：<u>每天，週末除外。</u></td><td>期待：<u>坐在餐桌吃飯和聊天至少三十分鐘。</u></td></tr>
<tr><td>簽名：　<u>王雅惠</u>　日期：一月四日</td><td>簽名：　<u>李健民</u>　日期：一月四日</td></tr>
</table>

週一	週二	週三	週四	週五		週一	週二	週三	週四	週五

下面是另外一個行為契約的樣本，是高先生和他兒子小明的契約。

行為契約	
行為	**行為結果**
誰：<u>高小明</u>	誰：<u>高俊傑</u>
什麼行為：<u>每天做一小時的家庭作業。</u>	什麼行為：<u>看電視、依成績給獎金。</u>
什麼時候：<u>週日至週四晚上十點以前，</u><u>或看任何電視節目以前。</u>	什麼時候：<u>做完家庭作業一小時後。</u>
期待：<u>做作業時間必須認真於閱讀、寫</u><u>作或解題。</u>	期待：<u>他想看的電視節目。</u> 成績達 70-79 分給 150 元； 80-90 分給 300 元； 90 分以上給 600 元。
簽名：<u>高小明</u>　日期：十月十四日	簽名：<u>高俊傑</u>　日期：十月十四日

做家庭作業分鐘數

	週日	週一	週二	週三	週四
10/15	60	65	60	72	64
10/22	~~22~~	71	68	60	64
10/29	122	61	63	~~40~~	62

	週日	週一	週二	週三	週四
11/05	69	71			
11/12					

成績

數學 _____　英文 _____　自然 _____

體育 _____　戲劇 _____　商業 _____

▶**原則八：行為發生後提供頻繁的及立即的增強**

若是長期的契約，則該行為表現與給增強物間的時距很久；這樣的契約不易成功，尤其對幼兒更是如此。與其經長時間才給予一個大獎賞，不如用多個較小的期中獎賞。高先生依循這原則，以看電視當作小明做完功課後的每日增強物；對發成績單時成績有進步，才給予較長期的增強物。另外，高先生依循這原則，將一輛可買回自行組裝的腳踏車所有零件逐一當增強物給他的兒子，不是長期等到最後獲得整輛腳踏車；這樣每次進步，就有一個零件當物質性增強物逐漸累積。這樣逐漸獲得各項零件直到組裝一輛完整的腳踏車為止，實現了提供頻繁的及立即的增強之原則。

由於在目標行為出現後，提供頻繁的及立即的增強是建立行為的重要原則；所以，增強物如果拖延太久才給，那麼要建立行為是比較困難的。因此，如果行為契約中出現這種情形，那麼契約應重新協商，建立對方能達成的新標準；等對方體驗了成功後，你可再漸次提高標準。如果你原先的契約不成功，就要重新再協商。

▶**原則九：當對方踐諾行為契約並有所進步時，應予以注意與讚賞**

對於年幼的對象，為了架起目標行為及增強物之間的橋樑，你必須對他們的努力經常給予注意與讚賞。讚美他們的任何進步，告訴他們：你已注意到他們努力向增強物邁進。而且鼓勵他們：依據他們現在努力的程度，他們馬上就會獲得應有的增強物了。這種社會性增強，對架起行為表現及獲得獎賞間的橋樑是很有用的。記住，為了使行為契約成功，你必須努力使契約發生效力。經常將稱讚與成功及其他增強物配對呈現，將維持許多的行為表現，也就逐漸減少對訂契約的需要。

▲寫下一些可能的獎賞，當對方踐諾行為契約時給予。

1. _____

2. _____

3. _____

▶原則十：好的行為契約應確信能成功

　　行為契約應提供經常的增強物及對行為表現的合理。行為契約的目標之一，是要求的行為改進應明顯且重要；但是，行為的目標應是對方大都能達成的。當對方已成功達到一契約之後，應再協商訂立更高目標的新契約。

　　例如，一汽車修理廠的老闆，他的修車工人每天只能完成 38% 的汽車修理進度；經他與工人們協商了一個契約，結果很快地修護完成率增加到 55%。經後續的多個契約，結果修護率達到 75%；最後，修護率竟達 95%。

　　考慮用逐步形成法確保你的契約成功。首先，確定對方最適當的進步量（或一領域的進步量）；然後，在後續的多個契約尋求進一步的收穫。

▲在你的行為契約裡，行為改變量最初要訂在哪一個程度才合理？_____

▲你想對方可以成功地達到你所訂的目標行為嗎？　是□　否□

▶原則十一：行為契約必須經雙方協商且公平的

　　協商是每一行為契約訂立過程中的一部分。契約要成功，必須讓對方感到他的改變所獲得的獎賞是值得的；另一方面，也必須讓提供增強物者感到

對方所改變的行為是重要的，他願意提供這些增強物。在整個協商的過程，要確保雙方都參與選擇行為與行為結果增強物。如果由父母、教師、或老闆等單方決定一切，則可能失敗；因為，任一方無法任意決定要求的行為與其行為結果增強物間是否公平。

經過協商訂立的行為契約，雙方都有機會建議替代的行為或獎賞。如果認真執行協商，簽約的雙方都將認為訂立的契約是積極的、公正的。

▲在下面各行為中，選擇一個公平的獎賞。可能的增強物如：三千元、看一小時的電視、加薪（週薪加三百元）、一週借用一次機車、每週六百元零用錢、推薦信等。

行為	建議的增強物
1. 每天晚飯後，九歲的小皮要寫十行生字。	_____
2. 從現在起，一個半月內，小虹必須在兩小時內幫助老闆打完回信。	_____
3. 小湯將於二月底前將他的文稿寄來。	_____
4. 十七歲的世泰將在每週日中午十二點鐘前幫忙整理好院子、洗好車子。	_____

上面合適的答案是：1.看電視。　2.週薪加三百元。　3.三千元　4.一週可借騎一次機車。
你是否同意？

▶原則十二：行為契約必須可以再協商及修訂

行為契約必須要再協商、修訂的原因如下：

1. 已經達成行為契約的目標，或行為契約內載明的期限已經到了。

2. 目標行為已達成，準備執行下一階段的目標行為。

3. 行為契約無法執行。

所以，如果行為契約的目標已達成且已接受獎賞，就該考慮是否訂新的行為契約。當然，也有可能，雙方都希望延續原有的契約一段時間；或者只稍作修改，加入一些新的行為目標及新的增強物即可。如果，任何時候明顯發現行為契約無法執行，那就必須再協商；亦即需要調整要求改善的行為種類或數量、或該行為所需的行為結果增強物。與其讓契約痛苦掙扎及失敗，不如再協商及修訂它。

▶原則十三：記錄行為契約裡的行為表現

行為契約中所載明的目標行為要詳細記錄，這是極為重要的。如果行為的目標明確、具體，記錄起來就比較方便。

將行為表現記錄在契約裡，是個好點子。行為契約因此成為一份文件，敘述該行為及對方的表現情形。

記錄的方式因行為而異，但通常是表格形式，每次該行為一發生即予以記載一次。例如，在下面的契約樣本，是一位媽媽和女兒間的契約。在契約樣本下半部的欄位，供記錄女兒在最後一個人離開餐桌後三十分鐘內是否做完廚房工作。

行為契約	
行為	**行為結果**
誰：<u>史蜜蜜</u>	誰：<u>吳佩璇</u>
什麼行為：<u>洗碗盤、擦桌子、清洗洗碗槽。</u>	什麼行為：<u>蜜蜜可在床上看書。</u>
什麼時候：<u>最後一位家人離開餐桌起三十分鐘內。</u>	什麼時候：<u>每天晚上九點以後。</u>
期待：<u>一個月內的每天晚餐後。</u>	期待：<u>每天最多不超過三十分鐘。</u>
簽名：　<u>史蜜蜜</u>　 日期：二月三日	簽名：　<u>吳佩璇</u>　 日期：二月三日

週日	週一	週二	週三	週四	週五	週六
28	34 √	27	25	26	49 √	24
25	20	19	18	20	17	22
30	18	19	15	18	22	29
17	18	21	18	19		

81

　　這張契約貼在家裡廚房的冰箱上（貼契約的好地方），女兒史蜜蜜則利用廚房的計時器來提醒自己。當最後一位家人一離開餐桌後，有三十分鐘的工作時間。就像跟時間比賽似的，自最後一位家人一離開餐桌，蜜蜜就開始動手清洗，同時按下計時器開始計時。洗碗筷、擦拭餐桌、清洗水槽等一完成，再按下計時器看完成時間。結果，除了有兩次稍慢以外，她每晚都可獲

得更多的時間閱讀，在本月底她常在二十分鐘內完成工作。令人驚訝地，在行為契約所載明的一個月期限過後，她仍維持迅速完成工作，也總是自行計時，父母也讓她保有額外的閱讀特權。

▲在下面的行為契約中，利用簽名欄下方的空白處，設計可以記錄魏小豪一個月行為表現的格式。

行為契約	
行為	行為結果
誰：魏小豪	誰：爸爸
什麼行為：回到家。	什麼行為：把車子借給魏小豪。
什麼時候：週日至週四晚上十一點以前；週五至週六下午一點以前。	什麼時候：週末下午或晚上。
期待：只要事前與父親商量，一週可以有一次例外。	期待：一週一次，不包含替爸爸或媽媽跑腿的次數。
簽名：　魏小豪　　日期：五月二日	簽名：　魏大豪　　日期：五月二日

有時候，目標行為並不需要另外記錄，因為它已有現成的資料，例如，員工的出缺席情形、或員工的銷售業績等。不過，如果把這些資料以圖的方式畫在行為契約的下半部，則更具一目了然的效果。下面的行為契約樣本是莎莎在公司的銷售業績。

行為契約	
行為	**行為結果**
誰：_莎莎（銷售員）_	誰：_吳富（業務經理）_
什麼行為：_增加銷售業績。_	什麼行為：_新的十九吋彩色電視。_
什麼時候：_三、四、五月。_	什麼時候：_五月三日前。_
期待：_每月六十萬或更高業績。_	期待：_可在增你智、RCA、美格福斯等_ _品牌中任選一種。_
簽名：　_莎莎_　日期：_七月二十八日_	簽名：　_吳富_　日期：_七月二十八日_

契約前　　　　　　　契約後

（單位：元）銷售業績

600,000
450,000
300,000
150,000

11　　12　　1　　2　　3　　4

月份

▶原則十四：在新行為建立成功後，應漸次褪除書面契約

行為契約的最終目的是在自然的環境中減少對契約的依賴、維持新建立的行為、和非正式的增強物。這也是為什麼在訂立行為契約時，一次僅敘寫一項目標行為的原因。因為，在新的目標行為建立後並養成習慣，就以稱讚或其他隨手可得的、自然的增強物來維持。當對方能持續接受足夠的增強維持新建立的行為，則將不再需要正式契約。事實上，一旦目標行為建立後，減少增強反而更容易持續這行為。

褪除行為契約的另一方法是：雙方非正式地同意，仍繼續表現這行為，也持續接受某些特權或其他獎賞，而不再正式記錄計數。

此時，雙方不需為關心的其他行為再協商另訂契約。因為，雙方對表現適當的行為及安排行為結果的獎賞等都已有共識及默契，所以逐漸減少對正式結構的安排的需要。不過，只要雙方發現他們在行為表現有衝突，隨時都可依需要建立新的行為契約，避免對行為的要求與獎賞常發生爭執。

▲你如何褪除有計畫地協商的行為契約？_____

_____

_____

_____

行為契約的格式

行為契約有多種書寫格式，下面例子的設計清楚且具體地說明構成該契約的特定行為及其結果。契約中的用語必須直接、具體、簡單、易懂，使人人都知道它的內容及用途。下表可影印用來建立行為契約，你可以修改為自己適用的格式。

行為契約	
行為	**行為結果**
誰：_____	誰：_____
_____	_____
什麼行為：_____	什麼行為：_____
_____	_____
什麼時候：_____	什麼時候：_____
_____	_____
期待：_____	期待：_____
_____	_____
_____	_____
_____	_____
簽名：_____ 日期：____	簽名：_____ 日期：____

你已經學會如何填入「誰」、「什麼行為」、「什麼時候」等項的資料，至於「期待」一項則可把上面項目中未說明清楚者，在這裡說明清楚，以免有所疏漏或誤解。行為契約的內容填寫完畢後，則需要求雙方正式在契約上簽名，以求慎重。至於契約底下的空欄，則可以記錄目標行為的表現。如果需要的話，可另加紙張、日期、或其他格式等。

雖然，訂立行為契約的雙方要某些程度的閱讀能力；但對幼童或無閱讀能力的人，可以圖畫、照片或符號等方式代替書寫。例如下表是一位機構裡四十三歲的智能障礙成人和他的輔導員間的行為契約。

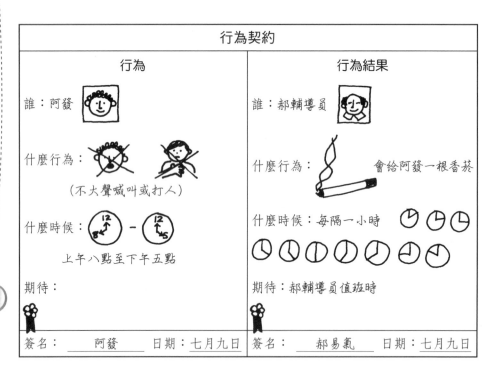

有些父母與三歲的孩子訂立類似圖片式的行為契約。例如，母親與四歲的聽障孩子訂立圖片式契約，要他晚上自己一個人睡，以有「史努比」圖的毯子當增強物；然後，她又與他協商一契約使他帶助聽器，以一雙網球鞋當增強物。

▲請以空白的行為契約，訂立一圖片式契約供兒童或身心障礙者用。

行為契約	
行為	行為結果
誰：	誰：
什麼行為：	什麼行為：
什麼時候：	什麼時候：
期待：	期待：
簽名：＿＿＿＿＿＿ 日期：＿＿＿＿＿	簽名：＿＿＿＿＿＿ 日期：＿＿＿＿＿

English Edition Copyright © 1998 by PRO-ED, Inc.
中文版由心理出版社於 2011 年出版

 訂立你自己的行為契約

▲現在，你應該已掌握訂立行為契約的原則。請利用前述空白的行為契約格式，依照下列的步驟，逐一填寫行為契約。若有困難，請回頭檢視前述的規則及練習。

步驟一。和對方坐下來，告訴他，你要和他訂立一份行為契約。

你必須向他解釋，行為契約是種書面協議，載明雙方該有哪些行為表現，這些行為將可獲得哪些增強物。當然，你可以直接說明，希望對方表現的行為是什麼；也可以要對方協助列出一張「希望出現行為」的清單，然後再從其中選擇一目標行為。

步驟二。和對方討論，如果對方能表現出目標行為，你將提供何種獎勵或增強物。

你可以提出一張行為結果增強物的清單，或由對方建議行為結果增強物的清單。記住，行為結果增強物必須公平。所選擇的增強物必須與要求的行為量是適當的，也必須確定是你有能力提供的，在對方表現該行為後立即且經常地給予。

暫停且注意：步驟一及二包含協商的過程。在這過程中，必須確定雙方都有機會提出他們希望的行為及增強物。在下一步驟之前，要雙方認為已協商出一好的契約，對雙方是公平的。如果雙方對行為及行為結果都同意，才能進入步驟三。

步驟三。現在準備填寫行為契約。

首先把對方的名字填入「誰」空欄。如果對方無法閱讀，則貼對方的照片。

步驟四。在「什麼行為」的空欄填入期待的目標行為。確定以正向具體的用

語敘寫目標。

步驟五。在「什麼時候」的空欄中填入期待目標行為發生的時間及期限。

步驟六。在「期待」的空欄中填入一些未竟的期待或特別的約定。

步驟七。在行為契約另一邊的「誰」空欄填入你自己的姓名。

步驟八。在契約另一邊的「什麼行為」空欄中，填入你願意提供的增強物，或者你願意交換表現的行為。

要確定：描述增強物的用語必須具體及易懂。

步驟九。在契約另一邊的「什麼時候」空欄中，填入何時你會提供增強物。

步驟十。在契約另一邊的「期待」空欄中，填入需再說明清楚的未竟事宜，以釐清給予行為結果增強物的條件。

步驟十一。與對方討論如何記錄行為表現。在契約底下的空格設計一記錄表格，以便記錄。

步驟十二。和對方再一次檢查這份行為契約。

若雙方都感到公平完整，則簽署姓名及日期（如果簽完字，雙方能再握握手，則更好玩！）

步驟十三。把行為契約張貼在雙方同意的地方。

公開張貼行為契約，可以提醒雙方契約的內容。若由於某些原因，你或對方認為這個契約要保密，則不妨把它貼在雙方仍都可以看見，但是其他人看不到的地方。

89

 檢查你的行為契約

一旦你開始執行行為契約，你可以下列步驟來確定行為契約的進展程度。

▶**檢查步驟一**。確實記錄，並且確實實行你在契約中規定的義務部分。在對

方表現良好時,不妨多予回饋及讚賞。同時要按約定準時給予增強物。

▶ **檢查步驟二**。如果契約失效,或是你們任何一方無法踐諾契約中所約定的權利與義務,就必須再重新協商。也檢查看看原來的契約是否有任何會引起誤解或有疏漏的地方。

▶ **檢查步驟三**。如果訂立契約的目標行為已建立,則在雙方的同意下,可以褪除原契約的執行;並且考慮訂立其他目標行為的新行為契約。

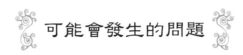

可能會發生的問題

1. 行為契約未誠懇公平協商

在訂立行為契約時最容易發生的問題,是強勢的一方以一己之意加諸對方,這樣的契約未誠懇地公平協商。要了解這個契約是否真正公平,雙方可自問這個問題:「為這個契約,我需要付出一些代價嗎?」如果答案是肯定的,則這應該是一個公平的契約。如果你要求對方要努力去改變行為,相對地,你也需付出一些努力或不便的代價。如果你願提供對方渴望的事物,以交換你要對方表現的目標行為,那才是誠懇公平的協商,營造雙贏的行為契約。

2. 重大問題可能阻礙你無法從小問題著手

如果有一個重大問題必須立即處理,你可能無法選擇哪個為最先處理的目標行為;因為,你無法延後解決這重大關心的行為。不論如何,如果你能把第一個契約的實行期間縮短,那麼對方就較能踐諾契約而獲得獎賞。如果,這個短期的行為契約持續成功,再協商可訂同樣短的時段或較長期限的另一契約,但仍處理一重大問題。

3. 有時,雙方對是否已踐諾了契約,會有不同的看法

如果有這種情形發生,則表示行為契約本身可能用語不夠具體或有疏漏,以致引起誤解或雙方看法不一致。因此,下次再協商另訂契約時,要確定沒有誤解或疏漏。當你有了更多協商契約的經驗時,你更能避免誤解或疏漏。

4. 什麼時候需要再協商

起初剛立契約時，將執行期間訂得較短是個好點子；因為，若契約不成功，不需等太久即可再協商。不論如何，若有一方認為契約明顯不合適，最好能檢查契約，確定是否誤解或需再協商使契約有效。換言之，愈早再協商比愈晚再協商好。

5. 如果有一方未踐諾契約，需要懲罰他嗎

對未能踐諾契約的懲罰，是得不到預定的增強物。如果這個增強物對他是有意義且重要的，這對他就是足夠的懲罰了。所以，有些人在執行契約之前，可能需要先經歷一下被剝奪增強物的滋味，以提高他對增強物的需求。在未來的契約，必須將額外的特權隨因於這目標行為。如果你在契約外已提供太多特權，就必須將這些特權當作目標行為的獎賞。

6. 如果行為契約遇到阻礙時，怎麼辦

如果你擬協商一契約，而對方不願意表現目標行為換取你提供的增強物時，怎麼辦？此時，先問問自己：「我是否要求得太多？或者不夠合理？」如果答案是「是」，那麼誠懇地邀請對方再來協商一次，好好地商量一下適當合理的標準。如果答案是否定的，你或許可以和對方討論，換另一個對方目前較易達成，而也是你期待的目標行為。

當然，上面都行不通時，還是找一位具行為改變技術專長的專家幫助你們雙方克服這困難。當遇到阻礙時，找專家協助不會有所損失。

結語

如果你已讀了本章並做了這些練習、從指導者獲得回饋、並協商一契約，你應已掌握了如何訂立行為契約的技巧。行為契約法如同其他方法：如果你運用愈多，則技術會愈純熟。熟練於訂立正式行為契約的人，也會比較熟練於非正式地對適當行為提供行為結果增強；如此，這人即是一位好的行為管理者。如果你的目標之一是成為一位熟練的行為管理者，我們希望本篇的技術有助於你達成這目標。祝你未來所有協商成功。

參考文獻與延伸閱讀

Axelrod, S. (1983). *Behavior modification for the classroom teacher.* New York: McGraw-Hill.

Bristol, M. M., & Sloane, H. N., Jr. (1974). Effects of contingency contracting on study rate and test performance. *Journal of Applied Behavior Analysis, 7,* 271–285.

Brooks, B. D. (1974). Contingency contracts with truants. *The Personnel and Guidance Journal, 52,* 316–320.

Campbell, M. (1981). *Teaching contract negotiation to parents of adolescents.* Unpublished master's thesis, University of Kansas, Lawrence.

Cantrell, R. P., Cantrell, M. L., Huddleston, C. M., & Woolridge, R. L. (1969). Contingency contracting with school problems. *Journal of Applied Behavior Analysis, 2,* 215–220.

Hall, R. V., & Hall, M. L. (1998a). *How to select reinforcers.* Austin, TX: PRO-ED.

Hall, R. V., & Hall, M. L. (1998b). *How to use planned ignoring (extinction).* Austin, TX: PRO-ED.

Hall, R. V., & Hall, M. L. (1998c). *How to use systematic attention and approval.* Austin, TX: PRO-ED.

Hall, R. V., & Hall, M. L. (1998d). *How to use time-out.* Austin, Texas: PRO-ED.

Homme, L. (1969). *How to use contingency contracting in the classroom.* Champaign, IL: Research Press.

Kazdin, A. E. (1994). *Behavior modification in applied settings.* Pacific Grove, CA: Brooks/Cole.

Kelly, M. L., & Stokes, T. F. (1982). Contingency contracting with disadvantaged youths: Improving classroom performance. *Journal of Applied Behavior Analysis, 15,* 447–454.

Long, J. D., & Frye, V. H. (1977). *Making it till Friday.* Princeton, NJ: Princeton Book.

Mann, R. A. (1972). The behavior-therapeutic use of contingency contracting to control an adult behavior problem: Weight control. *Journal of Applied Behavior Analysis, 5,* 99–109.

Miller, D. L., & Kelly, M. L. (1994). The use of goal setting and contingency contracting for improving children's homework performance. *Journal of Applied Behavior Analysis, 27,* 73–84.

Panyan, M. (1980). *How to use shaping.* Lawrence, KS: H & H Enterprises.

Sulzer, E. S. (1962). Research frontier: Reinforcement and the therapeutic contract. *Journal of Counseling Psychology, 9,* 271–276.

Sulzer-Azeroff, B., & Mayer, G. R. (1991). *Behavior analysis for lasting change.* Fort Worth, TX: Holt, Rinehart and Winston.

Van Houten, R. (1998). *How to motivate others through feedback.* Austin, TX: PRO-ED.

Weathers, L., & Liberman, R. P. (1975). Contingency contracting with families of delinquent adolescents. *Behavior Therapy, 6,* 356–366.

Wysocki, T., Hall, G., Iwata, B., & Riordan, M. (1979). Behavioral management of exercise: Contracting for aerobic points. *Journal of Applied Behavior Analysis, 12,* 55–64.

4

如何使孩子對自己的行為負責？

——自負其責策略的應用

S. F. Thibadeau◎著

邱曉敏◎譯

引言

　　本篇是為想要培養和改善兒童、學生或他人行為的父母、教師和相關專業人員而寫。雖然正面的行為結果能夠有效地增強和維持良好的行為，但有時候其他行為結果會有助於減少不良的行為。一個例子就是「自負其責」（response cost，或譯「反應代價」）。

　　從本篇中，讀者將能學到有效且負責任地實施自負其責策略的程序。本篇提供的事例取自應用行為分析的研究及作者本人的經歷。讀者在閱讀本篇的過程中，或許能夠發現自己即曾經歷過自負其責的事例。本篇也提供讀者理解自負其責策略及其在家庭、工作或社區環境應用的練習。

　　為確保自負其責策略實施的步驟和練習正確無誤，宜有行為學背景的優秀專業人員在旁督導，實施者如果遇到問題或需要建議，專業人士亦能夠提供專業支持或諮詢。

為何要使用自負其責策略？

每個人，不管是扮演專業人士、家人或者朋友角色，都會遇到自己想要改變的行為。問題行為可以是危害個人健康和安全的行為、影響享受愉快社會和工作環境的行為、干擾學習或完成任務的行為，或者對各種善行有負面作用的行為。雖然我們可以運用正面的途徑改變行為，但有時使用負面的行為後果，可促使行為的加速改變。

經常在課堂上大聲喊叫或在操場上推擠他人的小學生，都需要老師的立即干預和制止；曠課次數愈來愈多和參加非法活動的青少年，也需要大人的立刻關注；屢次違反交通規則的成年人，必須經歷重大教訓才能改變這種行為。上述事例可以使用罰款或剝奪的方法，達到減少破壞或危險行為的目的。

雖然針對上述行為可以使用更嚴厲或更負面的行為結果策略，但自負其責策略可以作為一種替代方法，而不會嚴重打擊或孤立個人。

 ## 什麼是自負其責策略？

幼稚園環境

瑜真和瑾怡在幼稚園教室的一個角落裡玩動物系列玩具，老師很高興看到她們之間的互助表現。開始時，瑾怡在拿自己喜歡的玩具時經常表現侵犯性。就當一位老師走近她們準備給瑾怡一些正面回饋時，瑾怡突然從瑜真手中一把搶走獅子玩偶。當下，老師停止表揚瑾怡，而鎮靜地從瑾怡手中拿走玩具還給瑜真。瑾怡表示反抗，但是第二次當她看到瑜真有她想要玩的玩具時，她提議用自己的大象和瑜真的長頸鹿交換。

高中環境

亦樺在球賽那天非常興奮。那天天氣晴朗，球場上有觀察員，而他期盼著比賽勝利後下午的慶功活動。現在，他的球隊落後四分，這時離終場還有

一分半鐘。亦樺深信他們能夠在剩下的時間裡，在五碼遠的地方觸地得分，「沒什麼好擔心的！」他很有自信地說。然而，接著他犯了一個錯誤。當對方的阻截就要摔倒四分衛時，亦樺用力伸手抓住第一個能接觸到的東西。遺憾的是，他抓住的是對方球員的面罩，這一錯誤致使他的球隊損失了十五碼。時間所剩無幾，此時球隊要推進二十碼才能贏。雖然這之後亦樺很小心地打球，沒有再犯錯，但最後他的球隊還是輸了。

大學環境

婷婷這個學期選修了十八個學分的課程。雖然她意識到這次比她以往的課程份量重，但她打定主意不僅要在五月份完成學士學位的課程要求，而且要保持累計平均分數 3.5 的水準。她繳交了所有的作業，除了經濟課的回家答卷式期末考試，這是她感到最難的部分。該課的教師已經警告大家期末考卷每晚一天繳交，就扣五分。婷婷掙扎著要按時交卷，但還是晚了一天交出來。結果，她丟掉了五分，累計平均分數也因此降到 3.4。她發誓上研究所時，一定要好好地管理時間。

工作環境

思蜀上完一天的班開車回家，他覺得今天真是很棒的一天，因為他最後說服了董事會通過他的員工休假提議，那就是只要員工在當地社區義務服務每兩天就可以得到額外三天的休假時間。思蜀一直認為社區對他的事業有很多支持，他決定要為社區做些有意義的事情以表達自己的謝意。當他駕駛在高速公路上，熱切地盼望早日回到家與家人分享這個好消息時，沒有注意到已超速十英哩。接著，從後視鏡他看到一閃一閃的藍色警燈正向他駛來，這時他才從剛剛的沉醉思緒中清醒過來。雖然警官很禮貌地聽完思蜀說自己通常不超速的解釋，但還是給了思蜀一張一百五十元的罰單。思蜀本來完美的一天因此不能劃下完美的句點。

在上述的事例中，某種形式的自負其責能幫助當事人改善行為。自負其責策略是在某一過失行為發生之後，立刻或有條件地減除部分增強物的方法。典型的獎賞減除法包括懲罰、罰款、損失物品或扣分。當事人不需要停止活

動，但必須剝奪本來應得的部分增強物。

▲針對上述事例，請說明被剝奪的增強物。

瑾怡：_____

_____

亦樺：_____

_____

婷婷：_____

_____

思蜀：_____

_____

如果你的答案是瑾怡失去了獅子玩偶、亦樺丟失了應得的碼距、婷婷失去了分數、思蜀損失了一百五十元，那就對了！這些都是日常生活中發生的自負其責的事例。

以下我們將詳細描述自負其責策略。正如前文所提的，自負其責包含特定行為表現發生後某些相關正增強物的喪失。個人會經歷權利的喪失、金錢的減少，或者分數或代幣的減少。

以權利的喪失作代價

自負其責策略其實是簡單易行的，只要把需要改變的目標行為與特定權利、活動或事物的喪失相連就行了。例如，小學教師可以用休息時間與特定的適當行為相結合，像是完成指定功課；假如功課沒有完成，學生就沒有休息時間。已經有人嘗試將減少自由時間應用於自負其責策略，例如Rapport、Murphy 和 Bailey（1982）的研究發現，在提高兩位過動男生的課堂表現上，自負其責策略比藥物治療更有效。在該自負其責策略中，學生在兩個二十分

鐘的獨立學習時段裡，只要好好做功課就能獲得二十分鐘的自由時間。在學習時段裡，如果他們離開座位一次，就扣掉一分鐘自由時間。在自負其責策略下，這兩位學生在功課上花的時間和作業的正確率顯著地提高。

另外一個例子是 Piazza 和 Fisher（1991）的研究。他們以有睡眠問題的發展性障礙兒童為研究對象。他們觀察到使用自負其責策略後，兒童的睡眠時間有所增加。在這個例子中，如果兒童無法在躺下後十五分鐘內入眠，就減少一個小時的床上時間。因此，這裡自負其責的「責」（後果、代價）是床上時間的減少。

以錢財的喪失作代價

在某些情況下，以剝奪權利作代價是不可能的或不恰當的。例如，圖書管理員不希望人們因過期不還而無法使用圖書館，但也希望借書者都能尊重其他借書者的權利，按時歸還所借的圖書。再如，保險公司不會因為人們晚幾天繳保險費就予以解約，但為了公司正常運轉，總希望保戶按時繳費。在此種事例中，就有了遲還書和晚繳費罰款的措施，在幫助人們改善行為的同時，也保有顧客。

許多家庭都有過帶孩子到商場購物的問題。孩子常想看東看西、挑些大人不會買的，或者抱怨無趣。一個有趣的辦法（Clark et al., 1977）是，父母在出發前告訴孩子買完東西後他們有二十元零用錢可以花，然而每有一次不守規矩，就從額度裡扣掉二元。這個策略證明非常有效，大幅降低了問題行為。

此類自負其責策略在成人世界裡也很有效。美國某州曾有三個機構參加了一個旨在促進州政府雇員駕駛公務車時使用安全帶的研究（Rogers, Rogers, Bailey, Runkle, & Moore, 1988）。所有公務車都貼有標籤，說明如果政府雇員未繫安全帶並因而發生交通事故，其福利金就要扣除 25%。其中兩個機構還要求其雇員在備忘錄上簽名。結果是公務車的安全帶使用率明顯提高。

以分數或代幣的喪失作代價

代幣是可以交換的物件，它有助於銜接適當行為表現和有形增強物之間

的差距。代幣還有助於促進行為改善，因為它可以作為個人行為改善的及時正面回饋，同時不會明顯打斷正在進行的活動。例如，幼稚園小朋友可以因為團體討論時遵守規則而得到一張貼紙，然後繼續參與活動。活動之後，這張貼紙能用來交換特別的權利，例如把門打開讓同學出去。中學生舉手回答問題可以得到五分，然後這五分可以用來交換免於走廊罰站。這些都是因正面行為而獲得獎勵性代幣的例子，代幣制如果結合自負其責策略，將更能提高其效用（有關代幣的使用詳見第一冊第三篇「如何獎勵孩子？——代幣制的應用」）。

在一個以少年犯罪者為對象的改善計畫中，研究者設計了一個精密的代幣制，藉以改變團體之家中這些青少年的行為方式（Phillips, 1968; Phillips, Phillips, Fixsen, & Wolf, 1971）。管理人員用分數獎勵這些青少年的良好行為，良好行為包括準時用餐、保持房間整潔、努力學習等。結果顯示代幣制使自負其責策略更加有效。其中一個實例是，為了培養良好的在校行為和談話技巧，管理員用分數獎勵那些正確回答有關晚間新聞裡故事的學生，如果答錯則扣分；管理員看到學生提供的正確答案數量顯著地增加。

以代幣為形式的自負其責策略也可以應用到工商界。在提高礦井作業安全的一項研究中，Fox、Hopkins 和 Anger（1987）設計了一套代幣制，礦工如果沒有工作傷害或損壞機械，每月就可以得到一些代用券。此外，個人和團體皆可以得到獎賞。反之，如果有人員受傷或機器損壞，那就得不到代用券。結果是，因操作不當導致人員受傷或機器損壞的情形明顯減少，團體的安全維護水準也明顯提高。

▲界定自負其責策略：_____

_____

_____

你是否注意到自負其責策略是在特定不良或不當行為發生之後立即減除部分增強物的方法？如果是這樣，那麼你的答案是正確的。如果你還加上此策略

包含物件、活動、權利、金錢或分數的喪失，那麼你的答案就更詳細了。

▲根據你自己的經驗，請提供三個自負其責策略的事例。

1. _____

_____

2. _____

_____

3. _____

_____

 ## 使用自負其責策略的基本步驟

▶步驟一：找出和界定你要改變的行為

　　和其他行為改變策略一樣，首先找出你要改變的行為。你關心的人、一起工作的夥伴、為你提供服務的人，都可能表現出你認為不好的行為。然而，在你要改變這些行為之前，你需要確定什麼是你真正想要改變的。例如，雖然你可能認為你的小孩對親戚不禮貌，但禮貌是一個非常廣泛的概念，對不同的人常有不同的涵義。假如你仔細想一想，發現你真正想要小孩做的是遊戲之前看到家中的客人要打招呼。這種描述比「禮貌」行為清晰得多了。

　　王老師是一位特教老師，她工作的對象是那些可能輟學或學業成績很差的中學生。在中學階段，許多此類學生表現出來的行為被描述為無禮的和不能接受的。此類行為包括罵髒話、打架、遲到、無故缺席等。王老師決定以最容易界定的學校行為「遲到」作為起點，開始實施行為改變計畫。但她馬上意識到她定義的「上課遲到」和學生的認知很不一樣。因此，她制定了下面這個規則：當上課鈴聲響起，她會開始計時。任何學生在六十秒內坐到位子上就算準時，任何人六十秒後還在教室外或者還沒坐到位子上，就算遲到。對所有學生而言，這個定義很清楚。

　　請再閱讀下面的事例，然後根據文中提供的訊息寫下尚權的問題行為是

什麼？

　　尚權是一位被診斷患有自閉症的三年級小學生。他和同學的互動有限，但能夠說出一些自己的意思。然而，當他因無法充分表達他想要的事物或因無法依序等待而感到挫敗時，有時就會打或掐其他同學，或拉同學的頭髮。他的老師陳老師很擔憂此類行為，不僅僅因為此類行為造成對其他同學的傷害，而且因為此類行為使尚權的社交技能發展更為困難。陳老師決定設計一套分數系統幫助尚權改變挑釁的行為；但是他首先需要界定他要改變的行為。

▲寫出這種行為的定義：＿＿＿＿＿＿＿＿＿＿＿＿＿＿＿＿＿＿＿＿＿＿＿

如果你的定義類似於「挑釁行為的定義為尚權任何時候在學校裡（包括操場內外）打其他人、掐其他人或拉其他人的頭髮」，那你的定義就很準確。但要記住，這不包括公車上發生的任何挑釁行為。

　　界定不良行為時會遇到的一個問題是使用對個人隱含負面評價的術語。例如，當事人被描述為憤怒、不上進或反社會。這些用語不是描述行為的，也無法明確指出要改變的行為。

　　正莉一見到新老師周老師就說：「我不做數學。」周老師聽了很吃驚，但正莉去年的老師早就提醒過她，正莉是個很「自大」和「有反抗性」的難纏小孩。周老師決定不去想這些評語，採取看看再說的態度。第一天一切都很好，直到上數學課。當周老師把數學課本傳給正莉時，正莉馬上把書丟到地上，大聲地說她不要做功課，接著把頭趴在課桌上。

▲你覺得周老師應該如何界定正莉的問題行為呢？

_____

_____

如果你的答案是，正莉表現出的行為包括把書丟到地上、聲稱不做功課、把頭趴在課桌上，那你就對了。

▲你平時曾否遇到過你認為應該改變行為的人？請舉出兩個人，詳細描述其行為，或者界定其行為。提示：想想「誰」表現出「什麼」樣的行為？「什麼時候」在「哪裡」你觀察到該行為？

行為一：_____

_____

行為二：_____

_____

任何人讀完你的定義都能指出這些行為何時發生嗎？如果是，你的定義很好。如果不行，請重新定義。記住：要清晰地描述行為並回答誰、做什麼、在哪裡、何時出現這些問題。

▶ **步驟二：評估行為**

　　為了清楚地理解行為的現狀，在實施改變策略之前評量該行為十分重要。首先，你也許會高興地發現該行為並不像你想像的那樣經常發生。問題也許沒那麼嚴重，或者根本就不是問題。其次，對該行為的最初衡量為以後實施改善策略提供了對比的依據。這使你能夠客觀地判斷你所做的是否產生令人

滿意的效果。對行為的最初評量稱為基準線評估。

有幾種評量系統可供使用。以下茲介紹幾種方法。

1. 恆久的結果

此種評量系統可用於能產生恆久具體結果的行為。例如，記錄故事裡用到的動詞數量、地板上留下的玩具數量，或者工作完畢後燈沒關的次數。

2. 事件的頻率

你可以計算一段時間內行為發生的次數。使用此方法時，你需要先確定用多長的時段（例如，半個小時或兩個小時）來記錄特定行為發生的頻率。對那些有清晰起點的行為（例如，打人、罵髒話、未經允許亂拿東西、要求協助等）來說，此方法很容易執行。

3. 比率

你也許對特定活動中某些行為的頻率（例如，幾頓飯、購物次數等）更感興趣。由於每次行為花費的時間不定，此時你可以像前一段所述那樣統計發生的次數，然後用該活動所花費的全部時間除以活動的次數，求得平均比率（即發生率）。

4. 時間長度

這是另一種測量行為長度的方式。如果時間是一個很重要的因素（例如，你想要十幾歲的女兒縮短每天早晨上廁所的時間），那麼這就是一個可行的方法。此方法還適合用以衡量每天只發生一、兩次，但持續很久的行為（例如發脾氣）。

5. 潛伏期

在有些情況下，關鍵因素是行為發生前所需要的時間。例如，你十幾歲的兒子應該每天晚上餵狗。你也許發現你五點鐘就要求他去做，但快六點了，你還在不停地重複這個要求（你還會發現隨著一遍又一遍地要求，你的耐性也變差了）。此時，你想要縮短的是提出要求和兒子真正餵狗之間的時間。

6. 部分時間採樣記錄

　　此種測量方法允許觀察者只簡單記錄在特定時段內是否有關注的行為發生。一段時間可以平均分割成幾個小段。例如十分鐘可以分成十個一分鐘的時段，或者一個小時可以分割成十二個五分鐘的時段。然後記錄每個小時段行為發生的次數。

7. 機率

　　機率方法對一個人每天有很多機會表現出某種行為的情況比較有用。你可以記錄行為可能出現的次數以及實際發生的次數，然後用前者除以後者得出百分比。例如，你可以記錄不擅社交的小孩穿過學校走廊與他人默默對視和打招呼的機率。這裡有兩個紀錄，一個是可能的數量，一個是回應的次數。基於這兩個數字，你可以算出百分比。

▲對你要改善的行為進行基準線評估，有哪兩個重要的原因？

1. _____

_____

2. _____

_____

回到步驟二的第一段，檢查你的答案。

▲現在，請使用下述資料蒐集方法，說出至少一種你希望減少的行為。

恆久的結果：_____

_____

事件的頻率：_____

_____

比率：_____

_____

時間長度：＿＿＿＿＿＿＿＿＿＿＿＿＿＿＿＿＿＿＿＿＿＿＿＿＿＿＿
＿＿＿＿＿＿＿＿＿＿＿＿＿＿＿＿＿＿＿＿＿＿＿＿＿＿＿＿＿＿＿＿＿

潛伏期：＿＿＿＿＿＿＿＿＿＿＿＿＿＿＿＿＿＿＿＿＿＿＿＿＿＿＿＿＿
＿＿＿＿＿＿＿＿＿＿＿＿＿＿＿＿＿＿＿＿＿＿＿＿＿＿＿＿＿＿＿＿＿

部分時間採樣記錄：＿＿＿＿＿＿＿＿＿＿＿＿＿＿＿＿＿＿＿＿＿＿＿
＿＿＿＿＿＿＿＿＿＿＿＿＿＿＿＿＿＿＿＿＿＿＿＿＿＿＿＿＿＿＿＿＿

機率：＿＿＿＿＿＿＿＿＿＿＿＿＿＿＿＿＿＿＿＿＿＿＿＿＿＿＿＿＿＿
＿＿＿＿＿＿＿＿＿＿＿＿＿＿＿＿＿＿＿＿＿＿＿＿＿＿＿＿＿＿＿＿＿

　　請記住你對特定行為的採樣記錄要具有代表性。你不需要全天觀察和記錄；但要找出該行為可能發生的時間或活動。最好繪製圖表以顯示行為的現狀。你可以用縱軸表示行為的狀況，用橫軸表示時間（可以是日、時段或其他時間單位）。在下面的圖例中，某教師繪製出幼稚園小朋友大聲喊叫表示不服從的次數。

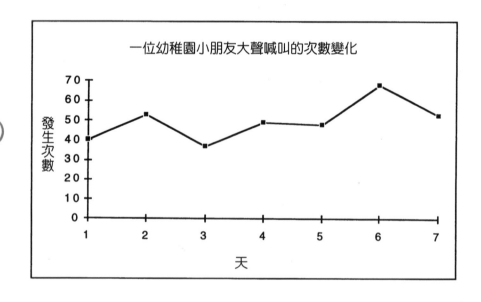

一位幼稚園小朋友大聲喊叫的次數變化

▲現在下面用圖表評估你在步驟二舉出的想要使用自負其責策略改變的行為。這樣可以清楚顯示要改變的行為之現狀（基準線），也可用以了解實施自負其責策略以後行為是否有所改善。

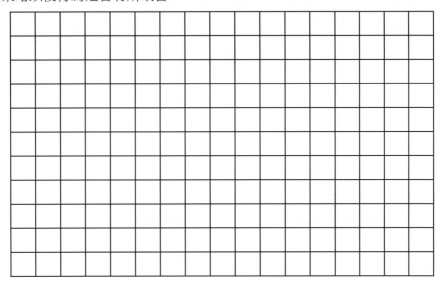

▶步驟三：找出各種增強物

使用自負其責策略時，首先要確定以什麼作為增強物。要牢記的是增強物是針對個人的，因此不要以為能夠影響某個人行為的增強物也能夠對其他人產生同樣的效果。要發現合適的增強物，得觀察平時個人的行為。當事人最感興趣的是什麼？最常玩什麼？常花時間做什麼？最常提起的話題是什麼？直接問當事人最喜歡什麼也可以。不管最後你用什麼方法，請記住只有該事物能夠增強改善行為時，它才是增強物。

▲請舉出三種可用於自負其責策略的增強物。

1._____

_____

2._____

_____

3._____

_____

你是在觀察過後找出這些可能的增強物嗎？

□是　　□否

你問過當事人最喜歡什麼嗎？

□是　　□否

▶步驟四：詳細制定自負其責策略

　　接下來你需要決定的是，基於什麼樣的行為表現減少什麼程度或數量的增強物？一定要做到平衡，也就是選擇的增強物數量或程度既可以有效地減少個人重複不良行為的可能，又不至於破壞當事人改善行為的動機。

　　你不妨採取漸進策略，逐漸減少不良行為表現。假如不良行為每小時發生十次，你也許可以用每小時五次或更少一些作起點。

　　軒維是接受特殊教育的學生。他一到學校，老師們就對他高頻率的不良行為頭疼不已。雖然軒維能說兩種語言，但大多數時間他都是在製造噪音。這些噪音不僅影響到他自己的學習，也導致其他同學以異樣的眼神看他，這使他更加孤立，也限制了他社交技能的發展。老師們決定實施自負其責策略來減少噪音。老師製作了一個「星星卡片」，卡片上有六十二顆星星（星星的數量是根據基準線觀察設定的，以軒維三十分鐘內製造噪音的平均次數之半數為準）。剛開始上課的時候，老師向軒維說明：每製造一次噪音，卡片

上就會減少一顆星星。三十分鐘結束後，如果他只剩一顆星，就可以聽五分鐘音樂。在使用星星卡片的日子裡，軒維製造的噪音次數總是六十一次或者更少，所以他能夠有機會欣賞音樂。過了一段時間後，老師減少了星星的數量，延長了時間，直到最後軒維幾個小時內只發出幾次噪音（摘自Rotholz & Luce, 1983）。

在上面的事例中，老師們首先確定可以加入軒維的課程且對軒維有效的增強活動。選音樂為增強物的原因是軒維喜歡他自己的噪音所引起的聽覺刺激。接著，老師選定可以被接受而且有效的責任程度。幸運的是，正如軒維的行為表現所證明的那樣，結果不錯（這再次說明了正確地評估所要改善之行為的重要性）。假如老師一開始就要求很高，孩子要負的責任太大，實施的結果可能就不會這麼好，老師應該視情況調整策略。

你或許也可以考慮採用層次化的自負其責策略，例如違反規則情形愈嚴重，損失的獎賞就愈多。

小李是某中學林老師「另類班」上的學生。根據學校的資料，小李表現出來的問題行為包括罵髒話、恐嚇、打架和蹺課。林老師設計了一套改進方法，學生有良好行為就可以加分；反之，有不良行為就扣分。經過基準線調查，林老師決定馬上實施自負其責策略。因為最令人擔心的是這些不良行為會對他人造成傷害，所以他決定小李的不良行為應該得到應有的懲罰：打架，200 點；威脅他人，150 點；蹺課一節，100 點；罵髒話，75 點。

▲描述一種能夠使用自負其責策略而逐步減少的行為。

_____

_____

▲請確定四種需要減少並且能夠使用不同程度自負其責策略的不良行為（設計層次化的自負其責策略）。

1._____

_____

2.＿＿＿＿＿＿＿＿＿＿＿＿＿＿＿＿＿＿＿＿＿＿
＿＿＿＿＿＿＿＿＿＿＿＿＿＿＿＿＿＿＿＿＿＿＿＿

3.＿＿＿＿＿＿＿＿＿＿＿＿＿＿＿＿＿＿＿＿＿＿
＿＿＿＿＿＿＿＿＿＿＿＿＿＿＿＿＿＿＿＿＿＿＿＿

4.＿＿＿＿＿＿＿＿＿＿＿＿＿＿＿＿＿＿＿＿＿＿
＿＿＿＿＿＿＿＿＿＿＿＿＿＿＿＿＿＿＿＿＿＿＿＿

請和同事或專業人士一起檢查你的選擇。

▶步驟五：實施自負其責策略

既然你已經確定了要改進的行為、進行了基準線評估、選擇了增強物，也決定了減少獎賞的數量，那麼就是實施自負其責策略的時候了。你首先要確認是否已將自負其責的規則告知和你一起工作的人，並以鎮定的態度實施這項單純地減少權利、點數或代幣的策略。你並不需要對實施過程作過多的解釋，以免引起不必要的爭論。爭論往往導致把注意焦點放在不良行為上，反而疏忽了增強策略的制定。

志修是個被診斷為患有注意力缺陷過動症和行為異常的十歲小男生。他表現出很多問題行為，包括攻擊行為、損壞公物和罵髒話。經過基準線調查，學校的老師們設計了一套減少志修不良行為同時又教他自我控制的計點制。將一天分為幾個自然產生的時段（包括九點至十一點，即到校至午餐前；十一點至十二點，即午餐和休息；一點至三點，即休息到回家前）。每個時段有五個點數。只要志修沒有上述的不良行為，他就可以保留所有的點數。假如他攻擊其他同學、破壞公物或罵髒話，就會被扣掉一個點，還要隔離去角落。如果他不好好坐在隔離椅上，或者不經允許擅自離開，那麼這個時段所有的點數都會被扣光。志修非常盡力爭取點數，因為父母答應他每從學校帶回一個點數，就給他一個一塊錢硬幣。這套系統取代了平常的零用錢。

對志修問題行為的分析顯示，他的不良行為部分是為了引起大人的關注。在執行自負其責策略之前，老師們將規則解釋給志修聽。雖然剛開始時他抗

議扣點數，但老師不理會，仍安靜地繼續自己原來的工作。一旦他行為良好時，老師就用讚揚的方式表明自己的關注。幾天後，志修很少為了扣點數而抗議。

▲使用自負其責策略要牢記的兩條規則是什麼？

1.＿＿＿＿＿＿＿＿＿＿＿＿＿＿＿＿＿＿＿＿＿＿＿＿＿＿＿＿＿

　＿＿＿＿＿＿＿＿＿＿＿＿＿＿＿＿＿＿＿＿＿＿＿＿＿＿＿＿＿

2.＿＿＿＿＿＿＿＿＿＿＿＿＿＿＿＿＿＿＿＿＿＿＿＿＿＿＿＿＿

　＿＿＿＿＿＿＿＿＿＿＿＿＿＿＿＿＿＿＿＿＿＿＿＿＿＿＿＿＿

如果你說是要將自負其責策略的規則向所有相關人員說明清楚，以及要沉著冷靜地減除增強物，那就對了。

▶**步驟六：評鑑策略的有效性**

要了解自負其責策略是否能如你所願地減少你想要改善的不良行為，便要持續地評估這個行為。只有這樣你才能比較自負其責策略實施前後的狀況。繼續用圖表顯示數據，以便對該行為有一個清晰的理解。在基準線數據和自負其責實施後的數據之間，一定要畫一條垂直線，以便區分。

你觀察到該行為減少了嗎？如果減少了，那證明自負其責策略產生了良好的作用。

▶**步驟七：維持改善的行為**

就像其他行為的改善一樣，我們的目標是盡可能用最自然的策略維持其改善。理想的狀況是不良行為的減少持續下去，而更正面的行為得到增強。當軒維較少發出奇怪的噪音，人們就和他對話，因此給予了他很多關注，這種關注對他而言也是一種動力。當學生表現的干擾行為大幅減少，他們也因

而投入學習，發展出更好的技能；接著，他們也會因學習出色而受到老師和家人更多的褒獎。我們建議你一定要給予孩子更多獎賞的機會。當你觀察到問題行為愈來愈少時，不要忘記持續不斷地對良好、恰當的行為提供正增強。

▶步驟八：擴大效應

有時你也許發現不良行為的減少僅僅發生在某種情境下或某種活動中。為了促進行為的類化，有必要在其他情境中系統地實施自負其責策略。要注意的是，只有在不良或不當行為發生時才實施這項策略（要了解行為類化的更多資訊，請參閱本冊第二章「如何教導孩子舉一反三？——類化技巧的應用」）。

四歲的東修被診斷患有廣泛性發展障礙。他參加了一個學前統合教育課程，一年後，他各方面的能力都有顯著的進展。然而，他的老師開始注意到不管什麼時候大人要表揚他或者對他的活動發表看法時，東修就會大叫反抗。這種行為干擾了課堂秩序，並且在絕大多數學校情境下都是不被接受的，因此各方同意設計行為改變方案以減少該行為。因為電腦是東修喜歡的活動之一，所以大家同意先從電腦時間入手。基準線調查記錄了東修喊叫的頻率。下一步就是給他一張有十個貼紙的紙板。這個數目剛好是基準線調查的平均值減五。老師告知東修，要玩電腦就至少得有一張貼紙。然後，他每喊叫一次，老師就從他的紙板上拿走一張貼紙。很快地，東修喊叫的頻率降低了。配合他行為的改善，貼紙的數目也逐漸減少。同樣的策略擴展應用到其他活動和情境，也證明有效（摘自 McIlvin & Thibadeau, 1997）。

▶回顧：實施自負其責策略的步驟

▲複習實施自負其責策略的步驟，寫出每一個具體的步驟，並就每一個步驟提供一個事例。

步驟一：＿＿＿＿＿＿＿＿＿＿＿＿＿＿＿＿＿＿＿＿＿＿＿＿＿＿＿

步驟二：_____

_____

步驟三：_____

_____

步驟四：_____

_____

步驟五：_____

_____

步驟六：_____

_____

步驟七：_____

_____

步驟八：_____

_____

參考前面的敘述，檢查你列出的步驟是否正確。

 ## 使用自負其責策略的好處

1. 自負其責策略的一個真正好處是容易實施。一旦確定減少獎賞的適當數量，就能謹慎冷靜地實施，不會干擾到正在進行的活動。這樣你能夠對不良行為提供立即回饋，而同時允許個人繼續參與活動，以及有機會因良好行為獲得獎賞。

2. 研究結果顯示，結合自負其責與系統性的增強策略會產生很大的效果。這種方法能夠確實提高整個策略的有效性，幫助個人區分可接受的和不可接受的行為。增強策略加上自負其責策略之後，我們會看到問題行為更加快速地減少，也為增強良好行為創造了更多的機會。

3. 雖然自負其責在過程中也會讓當事人產生一些不愉快的感覺，但此一策略策相對比較溫和，所以大部分人通常都可以接受。與隔離不同，自負其責策略並沒有將個人從活動中抽離出來，因此當事人仍然有機會獲得獎賞。與增強策略相比，自負其責策略較不會令人產生反感。正是這些原因，父母和教育者較可能接受這個策略。

▲回顧使用自負其責策略的好處。

1. _____

_____

2. _____

_____

3. _____

_____

 實施自負其責的幾點考量

1. 因為自負其責策略涉及到去除一定數量的增強物，所以可能出現沒有獎賞的狀況。如果個人繼續表現不良行為，你可能發現最後所有的增強物都被剝奪了，當事人也就沒有動機要表現良好。因此，你應該總是「預留」當事人能夠獲得的一個或部分增強物。為了維持關係和動機，你應該隨時抓住機會獎賞良好的行為。

團體之家的工作人員要學習如何靈活地使用增強物。他們尤其要利用任何可能的機會增強學生的行為改善。當柯文從學校回到家，團體之家家長傑聖立刻迎上去和他討論他在學校裡打架的情況。柯文承認自己有打架，便將他的點數卡交給傑聖。傑聖提醒他，因為打架，要扣 100

個點數，接著，傑聖就不再說下去。柯文沒有反抗，沒有罵髒話，如果是幾個月前他肯定不會這樣表現的。傑聖對柯文為自己行為負責的態度印象深刻。看到這種進步，傑聖覺得應該要獎勵他。放是，稍停了一會兒，傑聖告訴柯文，因為他剛才誠懇地認錯，並且願意接受後果，而可以贏回五十點（摘自 Phillips et al., 1971）。

2. 實施者必須小心避免逐漸增加不良行為後的減除性懲罰。研究結果顯示，隨著減除性懲罰的增加，個人可能會逐漸適應這種損失，最後變得不在乎。有些孩子因為學會了容忍獎賞的損失，以致行為沒有改善，或者改進很少。

3. 自負其責與系統性增強相結合，對於養成良好的行為效果最好。這樣子個人可因良好行為而贏得權利、分數或代幣，也可因不良行為而喪失這些獎賞。自負其責策略也可以用作涉及正面和負面行為後果的更複雜輔導計畫的一部分。

結語

本篇為你提供了有效使用自負其責策略以減少問題行為的指引。妨害個人發展的行為、干擾他人權利的行為，或者對個人健康和安全有危害的行為，都需要輔導。本篇鼓勵讀者負責任地使用自負其責策略，並且只有當積極改善行為策略未能見效或行為改變需要很長時間的時候才使用。實施自負其責策略時，記住要遵循以下步驟：

1. 為行為界定一個可觀察、可評量的定義。

2. 蒐集行為現狀的客觀數據。

3. 使用圖表顯示蒐集的資科。

4. 確定不良行為發生後要剝奪的增強物。

5. 決定剝奪增強物的數量。

6. 說明自負其責的規則。

7. 鎮靜地、不動聲色地實施自負其責策略。

8. 增強適當的行為。

9. 評鑑自負其責策略的效果。

10. 維持改善的行為。

11. 擴展結果到其他適切的情境和活動。

參考文獻與延伸閱讀

Alexander, R. N., Corbett, T. F., & Smigel, J. (1976). The effects of individual and group consequences on school attendance and curfew violations with predelinquent adolescents. *Journal of Applied Behavior Analysis, 9*, 221–226.

Ayllon, T., & McKittrick, S. M. (1982). *How to set up a token economy*. Austin, TX: PRO-ED.

Baer, D. M. (1981). *How to plan for generalization*. Austin, TX: PRO-ED.

Barnard, J. D., Christopherson, E. R., & Wolf, M. M. (1977). Teaching children appropriate shopping behavior through parent training in the supermarket setting. *Journal of Applied Behavior Analysis, 10*, 49–59.

Barrish, H. H., Saunders, M., & Wolf, M. M. (1969). Good Behavior Game: Effects of individual contingencies for group consequences on disruptive behavior in a classroom. *Journal of Applied Behavior Analysis, 2*, 119–124.

Clark, H. B., Greene, B. F., Macrae, J. W., McNees, M. P., Davis, J. L., & Risley, T. R. (1977). A parent advice package for family shopping trips: Development and evaluation. *Journal of Applied Behavior Analysis, 10*, 605–624.

Dougherty, B. S., Fowler, S. A., & Paine, S. C. (1985). The use of peer monitors to reduce negative interaction during recess. *Journal of Applied Behavior Analysis, 18*, 141–153.

Dupaul, G. J., Guevremont, D. C., & Barkley, R. A. (1992). Behavioral treatment of attention-deficit hyperactivity disorder in the classroom—The use of the attention training system. *Behavior Modification, 16*, 204–225.

Epstein, L. H., & Masek, B. J. (1978). Behavioral control of medicine compliance. *Journal of Applied Behavior Analysis, 11*, 1–9.

Fox, D. K., Hopkins, B. L., & Anger, W. K. (1987). The long-term effects of a token economy on safety performance in open-pit mining. *Journal of Applied Behavior Analysis, 20*, 215–224.

Goldstein, R. S., Minkin, B. L., Minkin, N., & Baer, D. M. (1978). Finders, keepers? An analysis and validation of a free-found-ad policy. *Journal of Applied Behavior Analysis, 11*, 465–473.

Hall, R. V. (1975). *Managing behavior: Basic principles* (rev. ed.). Austin, TX: PRO-ED.

Iwata, B. A., & Bailey, J. S. (1974). Reward versus cost token systems: An analysis of the effects on students and teachers. *Journal of Applied Behavior Analysis, 7*, 567–576.

Kaufman, K. F., & O'Leary, K. D. (1972). Reward, cost, and self-evaluation procedures for disruptive adolescents in a psychiatric hospital school. *Journal of Applied Behavior Analysis, 5*, 293–309.

Kazdin, A. E. (1972). Response cost: The removal of conditioned reinforcers for therapeutic change. *Behavior Therapy, 3*, 533–546.

Kazdin, A. E. (1985). The token economy. In R. M. Turner & L. M. Ascher (Eds.), *Evaluating behavior therapy outcome* (pp. 225–253). New York, NY: Springer.

Kazdin, A. E. (1989). *Behavior modification in applied settings*, 4th ed. Homewood, IL: Dorsey Press.

Lippman, M. R., & Motta, R. W. (1993). Effects of positive and negative reinforcement on daily living skills in chronic psychiatric patients in community residences. *Journal of Clinical Psychology, 49*, 654–662.

McIlvin, J. H., & Thibadeau, S. F. (1997). *Reducing the shouted protests of a young child through response cost.* Unpublished manuscript.

McSweeney, A. J. (1978). Effects of response cost on the behavior of a million persons: Charging for directory assistance in Cincinnati. *Journal of Applied Behavior Analysis, 11,* 47–51.

Phillips, E. L. (1968). Achievement Place: Token reinforcement procedures in a home-style rehabilitation setting for "pre-delinquent" boys. *Journal of Applied Behavior Analysis, 1,* 213–223.

Phillips, E. L., Phillips, E. A., Fixsen, D. L., & Wolf, M. M. (1971). Achievement Place: Modification of the behaviors of pre-delinquent boys with a token economy. *Journal of Applied Behavior Analysis, 4,* 45–59.

Piazza, C. C., & Fisher, W. (1991). A faded bedtime with response cost protocol for treatment of multiple sleep problems in children. *Journal of Applied Behavior Analysis, 24,* 129–140.

Rapport, M. D., Murphy, H. A., & Bailey, J. S. (1982). Ritalin vs. response cost in the control of hyperactive children: A within-subject comparison. *Journal of Applied Behavior Analysis, 15,* 205–216.

Reimeres, T. M. (1996). A biobehavioral approach toward managing encopresis. *Behavior Modification, 20,* 469–479.

Reisinger, J. J. (1972). The treatment of "anxiety depression" via positive reinforcement and response cost. *Journal of Applied Behavior Analysis, 2,* 125–130.

Rogers, R. W., Rogers, J. S., Bailey, J. S., Runkle, W., & Moore, B. (1988). Promoting safety belt use among state employees: The effects of prompting and a stimulus-control intervention. *Journal of Applied Behavior Analysis, 21,* 263–269.

Rotholz, D., & Luce, S. C. (1983). The development of alternative strategies for the reduction of self-stimulatory behavior in autistic youth. *Education and Treatment of Children, 6,* 363–377.

Siegel, G. M., Lenske, J., & Broen, P. (1969). Suppression of normal speech disfluencies through response cost. *Journal of Applied Behavior Analysis, 2,* 265–276.

Sulzer-Azaroff, B., & Mayer, G. R. (1991). *Behavior analysis for lasting change.* Fort Worth, TX: Holt, Rinehart and Winston, Inc.

Stokes, T. F., & Osnes, P. G. (1989). An operant pursuit of generalization. *Behavior Therapy, 20,* 337–355.

Switzer, E. B., Deal, T. E., & Bailey, J. S. (1977). The reduction of stealing in second graders using a group contingency. *Journal of Applied Behavior Analysis, 10,* 267–272.

Walker, H. M., Hops, H., & Fiegenbaum, E. (1976). Deviant classroom behavior as a function of combinations of social and token reinforcement and cost contingency. *Behavior Therapy, 7,* 76–88.

Winkler, R. C. (1970). Management of chronic psychiatric patients by a token reinforcement system. *Journal of Applied Behavior Analysis, 3,* 47–55.

國家圖書館出版品預行編目（CIP）資料

管教孩子的 16 高招.第四冊，如何培養孩子
自導的能力／ A. Rolider 等作；蔡崇建等譯.
--二版.--臺北市：心理，2011.1
面； 公分.--（輔導諮商系列；21096）
ISBN 978-986-191-400-8（平裝）

1.親職教育　2.子女教育

528.2　　　　　　　　　　　　　99020117

輔導諮商系列 21096

管教孩子的 16 高招（第二版）（第四冊）
如何培養孩子自導的能力

作　　者：A. Rolider, S. Axelrod, D. M. Baer, R. V. Hall, M. L. Hall, & S. F. Thibadeau
主　　編：吳武典
譯　　者：蔡崇建、王文秀、周天賜、邱曉敏
執行編輯：高碧嵘
總 編 輯：林敬堯
發 行 人：洪有義
出 版 者：心理出版社股份有限公司
地　　址：台北市大安區和平東路一段 180 號 7 樓
電　　話：(02) 23671490
傳　　真：(02) 23671457
郵撥帳號：19293172　心理出版社股份有限公司
網　　址：http://www.psy.com.tw
電子信箱：psychoco@ms15.hinet.net
駐美代表：Lisa Wu（Tel：973 546-5845）
排 版 者：臻圓打字印刷有限公司
印 刷 者：正恒實業有限公司
初版一刷：1994 年 8 月
二版一刷：2011 年 1 月
二版二刷：2013 年 7 月
I S B N：978-986-191-400-8
定　　價：新台幣 150 元